Hilde Bramkamp

Eine glückliche Kindheit trägt – ein Leben lang

Hilde Bramkamp

Eine glückliche Kindheit trägt - ein Leben lang

Aufgewachsen in der ersten Hälfte des 20. Jahrhunderts auf einem Bauernhof im Westmünsterland

erzählt von Hilde Bramkamp, geborene Sieverdingbeck

in dankbarer Erinnerung an meine Eltern und Geschwister

Autorin: Hilde Bramkamp

Verlag: Westfälische Reihe, Münster
ISBN: 978-3-95627-621-7 (Paperback)
ISBN: 978-3-95627-622-4 (Hardcover)

Printed in Germany

Bibliografische Information der Deutschen Nationalbibliothek:
Die Deutsche Nationalbibliothek verzeichnet diese Publikation in der Deutschen Nationalbibliografie; detaillierte bibliografische Daten sind im Internet über http://dnb.d-nb.de abrufbar.

Aufgewachsen auf einem Bauernhof in Ramsdorf

Für meine Familie

Mein geliebtes Zuhause

Am Rande eines Naherholungsgebietes im Kreise Borken, südlich des Höingsberges, liegt der Bauernhof meiner Eltern. Der Berg ist nach dem Vorbesitzer unseres Hofes Höing benannt. Der Höingsberg ist eine sandige bewaldete Anhebung, die nach Osten ansteigend, sich zum Lünsberg (ca.100 m über NN) erhebt und sich bis zum Tannenbülten erstreckt.

Das waldreiche hügelige Gelände mit Kiefern, Birken, Buchen und Heideflächen heißt im Volksmund die „Barge“, (= Berge).

Auf der Westseite des Höingsberges befindet sich in einer Senke, beschattet von hohen Buchen, ein Quellgebiet. Es heißt Homborn und ist eine alte Thingstätte. Dort wurde früher Gericht gehalten. Ein angrenzender Berg heißt heute noch Galgenberg.

Im Homborn entspringt der Reiningsbach, dem aus einer Quelle in unserem unmittelbaren Hofbereich weiteres Wasser zufließt.

Der Reiningsbach mündet in die Borkener Aa. Aus dieser Randlage zwischen Hügelland und Talaue ergibt sich für den Hof eine idyllische Lage mit sicherer Wasserversorgung.

Meine Großeltern väterlicherseits

Mein Großvater Bernard Sieverdingbeck, Geburtsjahr 1850, war Forstarbeiter beim Grafen von Landsberg-Velen, Gemen. Dieser schätzte Großvaters Zuverlässigkeit und Strebsamkeit und vertraute ihm deshalb den offenbar verwaisten Hof Höing als Pachthof an.

Großvater heiratete die junge Witwe Christina Althoff, geborene Dönnebrink. Sie besaß ein kleines landwirtschaftliches Anwesen. Dieses verkaufte sie und zog zu Großvater auf dessen Hof in Ramsdorf, Krückling 2. Großmutter Christina brachte zwei kleine Kinder mit in die Ehe, Johann und Anna Maria.

Mein Vater Anton wurde am 11. Dezember 1885 geboren. Er bekam noch drei Geschwister: Bernard, Heinrich und Christine. Als er erst neun Jahre alt war, starb Mutter Christina. Großvater hat nicht wieder geheiratet. Wie er es geschafft hat, sechs Kinder im jungen Alter zu versorgen und dazu Schwerstarbeit auf dem Hof zu leisten, weiß ich nicht.

Mutter erzählte mir, dass er unter diesen schwierigen Verhältnissen überlegt hätte, den Pachthof aufzugeben. Zu meinem Glück hat er es nicht getan.

Großvaters Leben bestand aus Gebet und Arbeit. Ich kann mich als Kind noch gut an ihn erinnern. Ein hoch gewachsener Mann mit weißem Bart. Er blieb bis an sein Ende geistig und körperlich rege.

90 jährig starb er im Februar 1940 an einer schweren Lungenentzündung bei uns zu Hause.

Nach den Bestattungsfeierlichkeiten kam die ganze Trauergesellschaft zu uns auf den Hof, um beim Beerdigungskaffee dieses besonderen Mannes zu gedenken.

Meine Großeltern mütterlicherseits

Leider habe ich sie weder gekannt noch habe ich jemals ein Foto von Ihnen gesehen. Bei meiner Großmutter väterlicherseits war es genauso.

Mutters Eltern hießen Josef und Elisabeth Funke, geborene Kormann. Sie wohnten in Ramsdorf, Krückling Nr. 6 auf einem Bauernhof, schön gelegen. In der Nähe schlängelte sich die Borkener Aa durch die Wiesen. Mein Großvater Josef Funke wurde am 30.11.1863 geboren. Dieses Datum habe ich auf seinem Grabstein gelesen. Auf den Tag genau, hundert Jahre später, ist unsere Tochter, seine Enkeltochter, geboren. Großmutter Elisabeth muss ungefähr so alt gewesen sein wie Großvater. Sie bekam vier Kinder: Bernhard, meine Mutter Anna, Maria und Heinrich. Großmutter Elisabeth starb schon mit 30 Jahren. In der damaligen Zeit starben viele Mütter in jungen Jahren. Meine Mutter war kaum drei Jahre alt.

Großvater Josef war noch keine 30 Jahre, als er Witwer wurde. Er heiratete ein zweites Mal. Aus dieser Ehe stammen noch mehrere Kinder. Interessanterweise ist der jüngste Sohn Fritz später geboren als mein Bruder Bernard, also sein Onkel. Beide verband eine große Freundschaft.

Meine Eltern

Als mein Vater, Anton Sieverdingbeck, im Jahre 1911 die 20-jährige Anna Funke heiratete, kam junges Glück auf unseren Hof. Meine Eltern konnten schalten und walten wie sie wollten. Alles, was sie anfassten, gelang ihnen. Mensch und Tier fühlten sich gleichermaßen wohl bei ihnen. Und uns 14 Kindern waren sie wunderbare Eltern. Mich verbindet eine tiefe Liebe mit meinen Eltern. Bewundernd stehe ich vor ihrer großen Lebensleistung. In selbstloser Liebe und mit unermüdlicher Schaffenskraft sorgten sie für die große Familie und bewirtschafteten erfolgreich den Hof. Großvater Bernard, inzwischen über 60 Jahre, war glücklich darüber.

Vater

Im Sommer 1914 begann der 1. Weltkrieg. Mein Vater, Reservist, wurde sofort eingezogen.

Mutter hatte schon 2 kleine Kinder, Bernard und Elisabeth. Zusammen mit dem noch rüstigen Großvater versorgte sie Haus und Hof.

Vater war lange in dem furchtbaren Stellungskrieg in den Ardennen eingesetzt, wo sich Deutsche und Franzosen grauenvolle Gefechte lieferten.

Nach Ende des 1. Weltkrieges kehrte Vater, äußerlich unverletzt, nach Hause zurück. Millionen Soldaten sahen die Heimat nicht wieder oder kamen schwer verletzt zurück. Uns Kindern erzählte Vater nie von den grauenvollen Kriegserlebnissen. Aber ich kenne ein Lied, das davon berichtet.

Es heißt:

„Argonnerwald, um Mitternacht,
ein Pionier steht auf der Wacht.
Mit Sehnsucht denkt er an sein Lieb,
ob er sie wohl noch einmal wiedersieht?“

In der 3. Strophe beginnt das Inferno:

„Der Sturm bricht los, die Mine kracht,
der Pionier gleich vorwärts macht,
bis an den Feind schleicht er heran
und zündet dann die Handgranate an.“

So schrecklich der Inhalt ist, so wohlklingend ist die Melodie.
Wenn Vater auf Wunsch bei Gemeindefesten das Lied sang - Vater hatte eine schöne, volltönende Stimme - war es ganz still im Saal. Mutter ging nie zu den Gemeindefesten. Sie blieb bei uns Kindern und hütete das Haus. Wohl folgte sie hin und wieder einer Einladung zum Gemeindekaffee der Frauen.

Nach Rückkehr aus dem Krieg, 1918, widmete Vater seine ganze Kraft dem Wohlergehen seiner Familie und der Weiterentwicklung des väterlichen Hofes.

Um 1929 baute er für seine große Familie ein stattliches zweistöckiges Haus.

Die Kinderschar war inzwischen auf 10 angewachsen. Auf Bernard und Elisabeth folgten Anna, Hubert und dann nur Mädchen: Maria, Franziska, Antonia, Hedwig, Agnes, Paula. Obwohl Vater sehr stolz war auf seine Töchter, Söhne hätten ihm auch gefallen. Auf dem Hof gab es ja auch viel schwere Arbeit.

Im Jahre 1932, als ich als 12. Kind meiner Eltern geboren wurde, bot der Reichsfreiherr von Landsberg Velen zu Wocklum, Maximilian, meinem Vater den Pachthof zum Kauf an. Es hieß, er wäre in finanzielle Schwierigkeiten geraten.

Im Kaufvertrag hieß es: „Der Reichsfreiherr verkauft dem Herrn Sieverdingbeck die Besitzung Höing in Ramsdorf, Kirchspiel, Krückling 2. Der Kaufpreis beträgt 31 000 Reichsmark.“

Jetzt gehörte uns der Hof. Wir waren glücklich darüber. Vier Jahre später wurde meine jüngste Schwester als 14. Kind geboren.

Meine Familie mit dem 87-jährigen Großvater Bernard

Nochmal zurück zu meinem Vater, wie ich ihn in Erinnerung habe. Er hatte eine heitere Natur, war besonnen und ausgeglichen, arbeitsam und ausdauernd. Er verlor nie sein Ziel aus den Augen. In seinen eigenen Ansprüchen war er bescheiden.

Vater musste viel und hart arbeiten, zusammen mit meinen Geschwistern, zumal mein ältester Bruder Bernard sich zwanzigjährig für den Gärtnerberuf entschied. Für Arbeit auf dem Hof war er somit nicht mehr zuständig. 1938 wurde mein Bruder Hubert, ebenfalls zwanzigjährig, zum Reichsarbeitsdienst eingezogen. Auch er fehlte auf dem Hof sehr. Bedingt durch den anschließenden Dienst bei der Wehrmacht (2. Weltkrieg 1939 – 1945) und mehr als drei Jahre Gefangenschaft kehrte mein Bruder Hubert erst nach zehn Jahren auf den Hof zurück. Also musste Vater einen großen Teil der Arbeit auf den Feldern selbst bewältigen. Ich sehe meinen Vater noch vor mir, wie er im Frühjahr und im Herbst den Pflug durch den Acker lenkte, unverdrossen, feldauf, feldab.

Besondere Erlebnisse aus frühen Kindheitstagen

Meine Märchenerzählerin

Meine älteste Schwester Lisbeth führte mich in die Welt von Grimms Märchen ein. Lisbeth war schon 19 Jahre alt, als ich geboren wurde. Sie konnte sehr schön erzählen. Meine Lieblingsmärchen waren Rotkäppchen, Schneewittchen, Brüderchen und Schwesterchen. Wenn meine Schwester abends noch Zeit hatte, und ich noch nicht eingeschlafen war, setzte sie sich an mein Bett und erzählte. Sobald eins der Märchen zum guten Schluss gekommen war, schlief ich beruhigt ein. Ich liebte Lisbeth sehr, weil sie sich so lieb um mich kümmerte.

Die Waldarbeiter

Es war im Sommer 1935 oder 1936, als Waldarbeiter den Kiefernwald zwischen unserem Hof und dem Höingsberg abholzten und rodeten. Zum zweiten Frühstück kamen die Männer auf unseren Hof und suchten sich einen gemütlichen Sitzplatz. Wir Kinder spielten zu der Zeit gern da draußen auf der Südseite des Hofes, weil es dort immer so wohlig warm war. Die Waldarbeiter waren sehr freundlich. Während des Frühstücks scherzten sie gern mit uns Kindern. Einer war besonders freundlich zu mir. Er nahm meine Hand, legte leicht seinen Arm um meine Schulter und sang mir ein kleines Kinderlied vor:

„Liebling mit dem blonden Haar,
schlaf und träume wunderbar,
solange dir dein Mütterlein die Händchen hält,
weißt du nichts vom Leid der Welt."

Vielleicht hatte der junge Mann auch eine kleine Tochter in meinem Alter, an die er dachte, während er mir das Liedchen sang.

Vater baute im Frühjahr auf dem urbar gemachten Acker Buchweizen an. Mutter freute sich auf die Bereicherung des Speiseplans. Buchweizenpfannkuchen war beliebt in unserer Familie.

Als ich älter war erzählte Vater mir, dass Buchweizen nur auf unbehandelten Böden wächst, besonders auch in Heidegegenden. Die Pflanze hat eine zartrosafarbene Blüte, sehr schön.

Ausgerissen

Mit vier Jahren, es war im Herbst zur Zeit der Kartoffelernte, sollte ich meinen Cousinen, den Kindern des Halbbruders meiner Mutter, auf ihrem elterlichen Hof einen Besuch abstatten. Eine Übernachtung war auch geplant. Als die Dämmerung hereinbrach, wurde mir angst und bange. Wie sollte ich einschlafen, wenn meine Mutter mich abends nicht zudeckte und mir ein Kreuzzeichen auf die Stirn machte? Das tat sie jeden Abend, solange wir Kinder noch klein waren. Ich beschloss, ohne mich zu verabschieden in einem unbewachten Augenblick nach Hause zu rennen. Die Strecke beträgt etwa 2,5 km.
Zu Hause angekommen, es war schon dunkel, versteckte ich mich unter der offenen Treppe in der Küche. Die Familie war schon zum größten Teil im angrenzenden Wohnzimmer versammelt. Ich saß unter der Treppe auf dem Steinboden und schämte mich.

Zum Glück fand mich meine Schwester Agnes, die vom Tisch neben der Treppe ihren Tornister holte, um ihn zu packen: „Wat mäkst du dann hier?“

Ich musste erzählen. Agnes brachte mich zur Mutter und dann ins Bett.

Zu Besuch bei TanteTöbber

Vor meiner Schulzeit besuchte ich nachmittags oft Tante Többer. Sie wohnte auf dem Nachbarhof, ca. 500 m von uns entfernt. Ein Pättken, ein schmaler Fußweg, führte von uns zu ihrem Hof. Tante Többer war Witwe. Sie hatte selbst keine Kinder, hatte aber eine Halbschwester meiner Mutter an Kindes statt angenommen.

Tante Többer war besonders lieb zu mir und meinen Schwestern, wenn wir sie besuchten. Sie hatte immer etwas Besonderes für uns: Ein Glas selbstgemachten Himbeersaft, einen Eiserkuchen oder ein paar Bonbons. Zu Hause gab es nur sonntags ein kleines Tütchen Bonbons für uns Kinder, für alle.

Im Winter bekam ich von Tante Többer eine Tasse heißen gesüßten Kaffee (zu Hause gab es nur sonntags gesüßten Kaffee). Dazu gab es eine „Beschüte", mit Hagelzucker bestreut. Das Gebäck ist so etwas Ähnliches wie Zwieback, nur dicker. Tante Többer stellte alles auf eine helle Brandkiste. Das ist eine Holzkiste mit Deckel für Brennholz. Sie stand neben dem Herd in der Küche. Davor stand ein kleines Kinderstühlchen.
Während ich genüsslich aß, saß Tante Többer neben mir, und wir unterhielten uns. Danach bedankte ich mich und machte mich auf den Heimweg.

Unliebsame Bekanntschaft mit einem Schafsbock

Meine großen Schwestern hatten sehr nette Freunde. Früher sagte man dazu Freier. Franziskas Freund hieß Bernard. Eines Tages, es war Frühling, sagte er zu mir: „Hilde, möchtest Du mal mit mir zu unserem Hof fahren? Unsere Mutterschafe haben kürzlich Junge bekommen.“ Ich war sofort begeistert. Mutter erlaubte es mir, mitzufahren. Bernard setzte mich auf die Stange seines Fahrrades, und los ging es.

Nach der Begrüßung erkundete ich den Hof. Am meisten interessierte mich die Schafswiese mit den jungen Lämmern. Kurz entschlossen kroch ich unter dem Stacheldraht her, mit dem die Wiese eingezäunt war. Ich wollte ganz nah bei den weißen Lämmchen sein, sie streicheln. Meine ganze Aufmerksamkeit galt ihnen.

So bemerkte ich nicht den Schafsbock, der sich mir wütend von hinten näherte und mich mit einem kräftigen Stoß umstieß. Ich wusste nicht, wie mir geschah. Ich purzelte durch die Wiese, der Schafsbock folgte. Zu meinem großen Glück gelang es mir noch rechtzeitig, unter dem Stacheldraht her zurück zu krabbeln. Ich war in Sicherheit. Mein Herz pochte wild, bis zum Hals.

Erwähnen möchte ich noch, dass meine Schwester Franziska ihren Jugendfreund nicht heiraten konnte. Er starb im 2. Weltkrieg in Russland an der Cholera. Ich erinnere mich noch ganz genau daran, wie tief sie der Verlust ihres Freundes getroffen hat. Ich kam abends auf ihr Schlafzimmer. Da kniete sie vor ihrem Bett, klagte und schluchzte und weinte bitterlich.

Auch das ist noch erwähnenswert: Der schöne alte Bauernhof ist mir gut in Erinnerung geblieben, weil meine Schwester Toni den Bruder des verstorbenen Jugendfreundes von Franziska geheiratet hat und Bäuerin auf dem Hof geworden ist.

So ein Missgeschick!

Meine älteste Schwester Lisbeth, Jahrgang 1913, meine Märchenerzählerin, hatte einen sehr netten Freund, einen Bauernsohn aus der Gegend. Er besuchte uns so oft es ging. Ich verstand mich gut mit ihm. Eines Tages, ich war vielleicht vier Jahre alt, nahm er mich auf dem Fahrrad mit zu seinem elterlichen Hof. Dort lebten seine Mutter und vier erwachsene Geschwister, zwei Schwestern und zwei Brüder. Sie waren alle sehr nett zu mir. Ich war gern dort und mochte auch bei ihnen übernachten.

An einem regnerischen Tag fiel ich beim Spielen auf dem Hof in eine Pfütze. Mein Strickkleid war nass und schmutzig geworden. Ersatzkleidung hatte ich nicht bei mir. Klara, eine der Schwestern meines späteren Schwagers, wusch das Kleidchen, wickelte es in trockene Tücher und hängte es dann über einen Stuhl am Kochherd. Zu mir sagte sie, ich müsste so lange im Bett bleiben, bis das Kleid trocken wäre. Sie ging mit mir nach oben ins 1. Stockwerk, wo ihr Schlafzimmer war und steckte mich in ihr Bett: „So, no muss du so lange doa drin bliewen, bess dat Kleed dröge is." Schöne Aussichten!
(„So, nun musst du so lange da drin bleiben, bis das Kleid trocken ist.")

Wohl schaute manchmal jemand nach mir und brachte mir etwas zu essen. Aber ich langweilte mich sehr.

Das Schlimmste kam noch.

Ich meinte, dass ich auf dem Zimmer ein Mäuschen gehört hätte. Ich hatte Angst vor Mäusen. Ich erzählte es Klara, als sie wieder mal nach mir schaute. Ihre Antwort: „Auf unserem Schlafzimmer gibt es keine Maus." Bald darauf kam Klara mit meinem Kleidchen. Sie hatte es schonend trocken gebügelt. Ich durfte mich wieder anziehen und nach unten gehen.

Es war inzwischen Abend geworden. Am nächsten Tag kam ich wieder nach Hause.

Nun war ich in meiner gewohnten Umgebung und ich war froh darüber. Dort gab es für mich bei einem eventuellen Missgeschick auch Ersatzkleidung und –
keine Mäuschen im Schlafzimmer.

Läusealarm

Es muss 1937 im Spätherbst gewesen sein. Ich war fünf Jahre alt. Meine ältesten Schwestern brachten manchmal Kopfläuse aus der Schule mit. Sofort musste jemand aus der Drogerie in Ramsdorf ein Anti-Läusemittel holen. Es hieß, meine ich, Kuprex.

Am Samstagabend, Samstag war Badetag, wurden Kopfhaut und Haare mit dem Mittel eingerieben. Es brannte höllisch. Ich hatte schon einmal die Erfahrung damit gemacht und dachte: Nicht noch einmal mit mir diese Prozedur. Ich selbst hatte ja keine Kopfläuse. Ich war ja auch noch nicht in der Schule, und Kindergarten kannten wir nicht. Um der schrecklichen Antiläusekampagne zu entgehen, beschloss ich, mich zu verstecken. Aber wo? Mein 87-jähriger Großvater saß in seinem großen Lehnstuhl, der neben dem Herd an der Wand stand. Leise krabbelte ich dahinter. Niemand hatte etwas bemerkt.

Als die Reihe zum Einreiben der Haare an mich kam, war ich nicht da. Man rief mich. Man suchte mich im ganzen Haus. Vergebens. Inzwischen waren alle auf den Beinen, um mich zu suchen, auf der Tenne, in den Scheunen, auf dem ganzen Hof. Vergeblich. Mir wurde es immer mulmiger in meinem Versteck, je länger die vergebliche Suche dauerte. Aber ich hielt aus.

Als jedoch meine Schwester Paula ins Wohnzimmer kam, weinend, und Mutter sie fragte: „Hebb ie se funnen?“, und Paula schluchzend antwortete: „Nee, wenn et doch Hildeken nich wass“, hielt ich es in mei-

nem Versteck nicht mehr aus. Ich krabbelte heraus. Mutter fasste mich bei den Schultern, schaute mich ungläubig und strafend an und sagte: „Kind, wo koss du dat doon?“ („Kind, wie konntest du das tun?“)
Ich erzählte warum.

Haue bekam ich nicht. Die gab es bei uns nicht.
Aber ich schämte mich abgrundtief vor allen, die nach und nach ins Wohnzimmer kamen.

Am liebsten wäre ich im Boden versunken.

Plattdeutsch –> Hochdeutsch:

Hebb ie se funnen?
Habt ihr sie gefunden?

Nee, wenn et doch Hildeken nicht wass.
Nein, wenn es doch bloß nicht Hilde wäre.

„Kind, wo koss du dat doon?“
„Kind, wie konntest du das tun?“

Volksschulzeit von 1938 bis 1942

Einschulung

Mit 6 Jahren kam ich in die Volksschule. Die Schulärztin wollte mich ein Jahr zurücksetzen, weil ich zart war. Mutter meinte aber: „Das Kind kann in die Schule gehen.“ Meine Schwester Maria, sie hatte Nähen gelernt, nähte für mich ein Schulkleid. Der Stoff war fließend, hatte einen dunklen Untergrund mit vielen bunten Streublümchen.

Heute würde man sagen: „Mille fleures“. Aber das Kleidchen war reichlich groß für mich. Als ich es Mutter zu bedenken gab, meinte sie: „Doa wäst du wall harin“, (Da wächst du wohl rein).

Ich bekam einen kleinen braunen Ledertornister, eine Schiefertafel mit Schwämmchen und Wischlappen und eine hölzerne Griffeldose mit zwei Griffeln. Das war´s.

Am Tag der Einschulung, kurz nach Ostern 1938, fuhr Mutter mit mir auf dem Fahrrad nach Ramsdorf zur Schule, die 3 km von uns entfernt war. Sie setzte mich dort ab und sagte: „Hilde, du finnst wall alleen noa Hues trügge.“ (Du findest wohl allein nach Hause zurück.)

Auf dem Schulhof waren schon viele „i-Dötzchen“ versammelt. Lehrer Groning, ein freundlicher junger Lehrer, forderte uns Kinder auf, sich zu zweit aufzustellen. Dann führte er uns in unseren Klassenraum.

Wir nahmen auf langen Holzbänken mit Schreibpult Platz. Sechs Kinder passten in eine Bankreihe. Im Schreibpult waren kleine Tintenfässchen eingelassen. Unter der Schreibplatte war Platz für den Tornister.

Hilde im ersten Schuljahr

Im Klassenraum befand sich ein erhöhtes Pult für den Lehrer, dahinter eine schwarze Wandtafel mit einer Ablage für Schulkreide und Schwamm. Außerdem gab es noch eine Rechenmaschine mit 100 Kugeln, jeweils 5 rote und 5 weiße in einer Reihe, die Russische Rechenmaschine. Ein hoher Ofen vervollständigte die Innenausrüstung. Der Schulraum hatte vier hohe Fenster.

Als alle 60 Kinder, Jungen und Mädchen, Platz genommen hatten, rief Herr Groning die Kinder einzeln auf. Dann setzte sich unser Lehrer hin und erzählte uns die Geschichte „Heiner im Storchennest.“ Alle Kinder hörten gespannt zu.

Heiner war am ersten Schultag viel zu früh auf dem Schulhof angekommen. Er entdeckte eine hohe Leiter, die ans Dach gelehnt war. Neugierig stieg er hinauf und fand oben auf dem Dach ein Storchennest. Storch und Störchin waren ausgeflogen. Heiner krabbelte zum Nest und legte sich hinein. Die Morgensonne machte ihn wohlig warm und schläfrig.

Als Heiner in der Klasse vom Lehrer aufgerufen wurde, fehlte er. Eine Suchaktion begann. Schließlich entdeckte ihn der Hausmeister schlafend im Storchennest, und so verpasste Heiner doch nicht die Einschulung. Nach der spannenden Geschichte entließ uns unser Lehrer und sagte uns, wir sollten morgen um 8 Uhr wiederkommen.

Der Rückweg von der Schule nach Hause verlief nicht problemlos. Ich kannte den Schulweg nicht richtig. Wir Kinder waren ganz selten in Ramsdorf gewesen. Ich bog hinter der Schule rechts ab statt links auf die Hauptstraße, kam zu einer Brücke, die über die Borkener Aa führte und bemerkte voller Schrecken, dass ich mich verlaufen hatte. Ich begann zu weinen.
Da entdeckte mich ein Mädchen, das bei meiner Schwester Klara, zwei Jahre älter als ich, in der Klasse war. Sie kam gerade mit einem Pausenbrot aus ihrem Elternhaus. Die Kinder, die in der Nähe der Schule wohnten, durften sich damals in der 10-Uhr-Pause zu Hause ihr Brot oder einen Pfannkuchen holen.
Das Mädchen erkannte mich und sagte: „Du bist doch von Sieverdingbeck. Man sieht es am Gesicht.“ Sie nahm mich an die Hand und brachte mich auf den richtigen Weg nach Hause. Das waren 3 km Fußweg, wie jeden Tag in meiner Grundschulzeit.

Der zweite Schultag

Mit meinen vier Geschwistern Klara, Paula, Agnes und Hedwig, die zeitgleich mit mir die Ramsdorfer Volksschule besuchten, ging es früh um sieben aus dem Haus.

Im Städtchen angekommen, besuchten wir zuerst die Werktagsmesse. Die schöne alte Kirche befand sich direkt neben meiner Schule.

Aufnahme vom 23.04.1914 anläßlich der Fertigstellung der Erweiterung der Pfarrkirche St. Walburga

Um 8 Uhr begann der Unterricht. Nach Begrüßung und Morgengebet begann Herr Groning sofort mit dem Schreibunterricht.

Er nahm ein Stück weiße Kreide in die Hand und malte langsam das kleine i an die Tafel. Dabei sprach er: „Rauf, runter, rauf, Pünktchen drauf." Wir begannen mit der deutschen Schrift. Nach ein paar Luftübungen durften wir es mit dem Griffel auf unsere Schiefertafel malen. Ich schrieb die ganze Tafel voll. Stolz zeigte ich zu Hause meiner Mutter meine ersten Schreibversuche. Dann wischte ich mit dem Schwämmchen alles aus und schrieb noch mal die ganze Tafel voll mit – *i* –

i i i i i i i

Es machte mir Spaß.

Übrigens, hochdeutsch habe ich erst in der Schule gelernt. Es fiel mir nicht schwer. Wie alle meine Geschwister konnte ich beim Schulanfang nur plattdeutsch sprechen.

Der 20. April 1939

An diesem Tag war Adolf Hitlers 50. Geburtstag. Der wurde im „3. Reich“, in der Zeit des Nationalsozialismus, auf höhere Anordnung in allen öffentlichen Einrichtungen, also auch in unserer Schule, groß gefeiert. Alle acht Klassen unserer Volksschule versammelten sich am Vormittag des 20. April im Festsaal der Ramsdorfer Burg. In dem Saal befand sich auch eine Bühne, auf der die Festredner dem Führer huldigten. Jede Schulklasse musste ihren Anteil zum Fest beitragen. Ich bekam die Aufgabe, für meine Klasse, Ende des ersten Schuljahres, ein kleines Gedicht vorzutragen. Wer es verfasst hat, weiß ich nicht. Es war sehr simpel. Um auf der Bühne gut auszusehen, hatte meine Schwester Maria mir ein besonders schönes Kleidchen genäht.

Hier der Wortlaut des Gedichtes:

> Ein deutsches Mädchen bin ich,
> hab echten deutschen Sinn,
> und Deutschland heißt die Erde,
> wo ich geboren bin.
> Deutsch ist mein Vater,
> deutsch ist mein Mütterlein,
> drum will auch ich so gerne
> ein deutsches Mädchen sein.

In dem Achtzeiler kommt 6 Mal das Wort Deutsch vor. Heute finde ich es peinlich, aber es passt zu der Gesinnung der Zeit um 1939, als von vielen Deutschen mit Stolz und großem Selbstbewusstsein

„Deutschland, Deutschland über alles, über alles in der Welt“ gesungen wurde.

Nach dem verlorenen 2. Weltkrieg, dem Untergang des kurzen 3. Reiches, wurde die anmaßende 1. Strophe des Deutschlandliedes aus der Öffentlichkeit verbannt.

Die weitere Volksschulzeit

Ich hatte eine schöne Volksschulzeit. Nach den Osterferien 1939 bekam ich einen älteren Lehrer, weil Herr Groning zur Wehrmacht eingezogen wurde. Es war Herr Depenbrock, der gut bekannt war mit meinem Vater. Eine Besonderheit, die mir gut gefiel, wäre heute undenkbar: Ich durfte etwa eine Viertelstunde vor der großen Pause bei seiner Frau das 2. Frühstück für ihn abholen.

Noch etwas Bemerkenswertes gab es im 2. Schuljahr. Eines Sonntags kam mein Vater mit einer großen Neuigkeit für mich vom Hochamt in Ramsdorf nach Hause. Mein Lehrer wollte mich gern adoptieren. Er selbst hatte einen erwachsenen Sohn, aber keine Tochter.

Für nichts in der Welt hätte ich freiwillig mein geliebtes Zuhause aufgegeben.

Paula und ich gegen den eisigen Ostwind

Es war im Winter 1939 oder 1940. Es herrschte starker Frost. Oft wehte uns ein eisiger Ostwind ins Gesicht, wenn meine Geschwister Klara, Paula, Agnes, Hedwig und ich uns morgens gegen sieben Uhr in der Dunkelheit auf den Schulweg machten. Einmal war der Ostwind besonders schneidend kalt. Meine Schwester Paula merkte, dass es mir sehr schwer fiel, gegen den Ostwind anzukämpfen. Sie wollte mich schützen. Sie umfasste mich, drückte mich schützend an sich und lief langsam mit mir rückwärts über die Straße, bis zur Biegung, wo uns der eisige Wind von der Seite packte, was nicht so schlimm war. Da Paula mich um Kopfes Länge überragte, fühlte ich mich geschützt gegen den Eiseswind an jenem Wintermorgen. Wir erreichten noch rechtzeitig die Schule um Acht, wenn auch langsam und etwas ungewöhnlich.

Auch Klara musste mir helfen

Im Winter 1939/40 lag bei uns hoher Schnee. Vater sorgte morgens früh mit einem Pferdeschlitten dafür, dass für uns Schulkinder der Weg bis zur Straße begehbar war. Nun ist ein Winter mit viel Schnee für lustige Schneeballschlachten geeignet. Aber manche Jungen wollten es den Mädchen mal so richtig zeigen. Zwei solcher Mitschüler lauerten mir regelmäßig auf dem Schulheimweg auf und attackierten mich mit vielen harten Schneebällen, die sie zuvor geformt hatten. Einmal hielt mich einer fest und wusch mir unbarmherzig das Gesicht mit Schnee. Meine Schwester Klara erfuhr davon. Sie war im 4. und ich im 2. Schuljahr, und wir hatten unterschiedlich Schulschluss. In der 12-Uhr-Pause begleitete sie mich kurz bis dahin, wo die Jungen schon auf mich warteten. Sie schnappte sich einen, wusch ihn tüchtig mit Schnee und bemerkte, wenn ich noch einmal belästigt würde, müsste sie es dem Lehrer sagen.

In den folgenden Tagen konnte ich unbehelligt von der Schule nach Hause gehen.

Meine Erstkommunion

Im Herbst des 2. bis zum Frühjahr des 3. Schuljahres hatte ich einmal in der Woche nachmittags Kommunionunterricht. Der Pfarrer war nett. Das schönste war das „Kommunionglöckchen", das ich regelmäßig bekam. Es war ein kleines Heftchen mit schönen Bildern und spannenden Geschichten. Ich freute mich darauf. Ich las gern. Als Kind hatte ich keine Bücher außer der kleinen Schulfibel, die ich fast auswendig kannte.

Der Nachhauseweg in der Dunkelheit blieb mir nicht in guter Erinnerung. Der Winter war bitterkalt, und im Dunkeln spürte ich die Kälte besonders.

Der Erstkommuniontag im Mai war sonnig und schön. Der 3. Schuljahrgang ging geschlossen zur Erstkommunion. Es war ein Fest für die ganze Gemeinde. Der Gottesdienst wurde sehr feierlich gestaltet. Viele Blumen schmückten den Altarraum. Beim Einzug in die Kirche spielte die Orgel. Angeführt vom Pfarrer und den Messdienern wurden wir Kinder, begleitet von weiß gekleideten Engelchen, zu unseren Plätzen in den ersten Bänken vorm Hauptaltar geführt. Nach dem Gottesdienst gab es für uns Kinder frischen Streuselkuchen. Wir aßen mit großem Appetit, denn damals galt noch das Nüchternheitsgebot vorm Empfang der Kommunion.

Zu Hause wurde weiter gefeiert. Das Kommunionkleidchen durfte ich den ganzen Tag anbehalten.
Mittags vor dem Essen - meine Mutter hatte besonders gut gekocht - musste das Kommunionkind laut das Tischgebet sprechen. Zum Glück klappte es. Zur Erinnerung an die Erstkommunion schenkte mir meine Patentante ein hellbraunes in Leder gebundenes Gebetbuch mit Goldschnitt. Mein Patenonkel war leider schon tot.

Ein besonderes Erlebnis aus meiner Volksschulzeit

Im Nationalsozialismus hatte Sport in den Schulen einen hohen Stellenwert. Wir hatten in Ramsdorf einen Sportplatz und ein Freibad. Wenn wir Kinder aus der Grundschule uns in der Zehn-Uhr-Pause auf dem Schulplatz tummelten, zogen oft die Mädchen der Oberklasse, geordnet in Reih und Glied, mit ihrer Lehrerin singend an uns vorbei. Ein Lied ist mir besonders im Gedächtnis geblieben. Es hatte eine einfache schöne Melodie:

Wir ziehen durch die Straßen
mit ruhigem festen Schritt.
Und über uns die Fahne,
die fliegt und flattert mit.
Drum, drum, drum, drum,
heidiridiri drum.

Voran der Trommelknabe,
er schlägt die Trommel gut.
Der Knabe weiß nicht von Liebe,
weiß nicht, wie Scheiden tut.
Drum, drum ...

Er trommelte schon manchen
ins Blut und in sein Grab,
und dennoch liebt ein jeder
den frohen Trommelknab.
Drum, drum....

Das Lied kommt so harmlos daher. Wir Schulkinder hörten es gern. Erst später begriff ich, wie die deutsche Jugend im Nationalsozialismus durch Lieder und Propaganda manipuliert wurde. Der Soldatentod für Führer, Volk und Vaterland galt nur als geringes Opfer. In vielen Liedern dieser Zeit hieß es: „Die Fahne ist mehr als der Tod.“

Ich denke heute dabei an das Grauen des 2. Weltkrieges, den Hitler mit dem Einmarsch in Polen am 1. September 1939 begann. Der Krieg, der fast sechs Jahre dauerte, brachte unsagbares Leid und Unglück über die Völker Europas und der Welt. Nach Schätzungen beträgt die Zahl der Toten zwischen 55 und 62 Millionen. Einer von ihnen ist mein Bruder Bernard.

Es gibt Wunden im Leben, die nie heilen. Ich trauere noch heute um ihn, so wie Mutter Zeit ihres Lebens.

Von einem traurigen Ereignis

Im 3. Schuljahr wurde ein Mitschüler von mir nachmittags beim Spielen auf dem Hof durch feindliche Kriegseinwirkung tödlich verletzt. Die ganze Klasse nahm an der Beerdigung teil. Nachdem der Sarg in die Erde gesenkt worden war, trat der Vater an das offene Grab. Er trug die Uniform seiner Partei. Kerzengerade stand er da, hob den rechten Arm zum Gruß und rief: „Heil Hitler!“

Wir Kinder verließen still den Friedhof. Ob der Hitlergruß der Mutter des verunglückten Mitschülers Trost geben konnte in ihrem schweren Leid? Ich bezweifle es.

Ende der Volksschulzeit

Bei meiner Lehrerin im 3./4. Schuljahr habe ich viel gelernt. Ihr, Frau Kohl, habe ich zu verdanken, dass ich als einziges Mädchen aus einer gemischten Klasse mit 60 Kindern ein Gymnasium besuchen durfte. Das war bei uns auf dem Lande, 1942, schon eher eine Seltenheit. Meine Lehrerin besuchte uns in den Sommerferien auf dem Hof und empfahl meiner Mutter: „Schicken Sie das Kind zum Gymnasium."

Nach bestandener Nachprüfung, die Hauptanmeldezeit war schon vorbei, war ich mit Beginn des neuen Schuljahres 1942/43 Schülerin einer Sexta (heute 5. Klasse) des Borkener Gymnasiums.

Meine Kinderjahre

Dankbar schaue ich auf eine glückliche Kindheit zurück. Bei Jean Paul habe ich einmal sinngemäß gelesen, dass eine Kindheit voll Glück ein Leben lang trägt. Ich wuchs in großer Freiheit auf, getragen vom Wohlwollen meiner Eltern und großen Geschwister. Bei uns zu Hause herrschte eine freundliche Atmosphäre.

Für mich als Kind bot unser Bauernhof alles, was ich mir nur wünschen konnte. Die oft harte Arbeit meiner Eltern und großen Geschwister konnte ich damals noch nicht richtig einschätzen.

Gern streifte ich durch Mutters gepflegten Blumen- und Gemüsegarten, naschte im Sommer vom reifen Beerenobst oder genoss frisches Gemüse, Möhren oder Erbsen. Den ganzen Sommer und Herbst hindurch hatten wir frische Früchte: Kirschen, Äpfel, Pflaumen und besonders viele Birnen. In der Kälberwiese standen an die zehn Esskastanienbäume. Einige stehen heute noch da. Damals hatten wir so viele Esskastanien, dass Ramsdorfer Kinder sich kleine Handwagen voller Kastanien abholten.

Auf der Südseite des Hofes standen zwei hohe Walnussbäume, die reichlich Früchte trugen. Und wem verdankten wir den Segen? Die älteren Bäume hat sicher mein Großvater Bernard gepflanzt oder die Vorbesitzer des Hofes und die jungen Nachfahren wie mein Bruder Bernard, der auf unserem Hof eine Baumschule mit schmackhaften Obstsorten angelegt hatte.

Meistens spielten wir Kinder auf dem Hof oder auf der Tenne. Das weitläufige Hofgelände bot viele Möglichkeiten. Wir Kleinen, Klara, Bernadette, Gerda und ich kannten viele Spiele: Hinkeln, Gummitwist springen, Ballspiele aller Art. Seilchenspringen war auch besonders beliebt.

An heißen Sommertagen hielten wir uns gern in unserem Buchenwäldchen auf. Vater hatte dort für uns eine große Schaukel und eine Wippe gebaut. Es gab auch ein kleines Holzhaus.

In der Winterzeit, wenn es früh dunkelte, gingen Vater und meine Geschwister schon nach dem 4 Uhr-Kaffee auf die Tenne, um das Vieh zu versorgen. Als erstes wurde der notwendige Bedarf an Heu und Stroh durch die Luke auf dem Heuboden auf die Tenne geworfen. Für uns Kinder war bis zur Verfütterung oft Toben im Heu angesagt.

An den Winterabenden war das Versteckspielen beim Licht der Stalllaternen auch sehr reizvoll. Elektrisches Licht bekamen wir erst im Herbst 1944. Besonders gern lauschten wir unseren Schwestern, wenn sie beim Melken sangen. Oft klang es auch zweistimmig zu uns herüber. Da das Melken der Kühe von Hand stattfand, dauerte der Melkvorgang meistens eine Stunde. Für jede Kuh wurden etwa 15 Minuten gebraucht. In der Regel waren vier Schwestern gleichzeitig im Einsatz.

Zum Abendessen trafen wir uns alle wieder, die Großen und die Kleinen, bei Mutter im Wohnzimmer.

Viel später, als ich meinen drei Kindern die Geschichten von Astrid Lindgren vorlas, dachte ich oft: So war es in meiner Kindheit auch.

Badevergnügen in der Borkener Aa

An heißen Sommertagen gingen meine Geschwister und ich, die noch in der Volksschule waren, in der Mittagszeit oft und gern zum Baden. Den Weg zur Borkener Aa stelle ich mir heute noch in Gedanken vor, wenn ich abends nicht einschlafen kann. Er war für mich unbeschreiblich schön. Wir liefen barfuß über einen warmen Sandweg. Links und rechts wogten Kornfelder mit rotem Mohn und blauen Kornblumen. Nach etwa einer Viertelstunde hatten wir die Aawiese mit der hohen schattigen Buche erreicht. Darunter zogen wir uns die Badesachen an. Und dann nichts wie rein in das klare, erfrischende Wasser.

Dort, wo wir badeten, reichte uns das Wasser bis zur Hüfte. Wir Kinder konnten dort gefahrlos planschen. An diesen Tagen brachte Paula mir das Schwimmen bei: „Keine Angst, Hilde, das Wasser trägt dich. Streck die Arme aus und wirf dich aufs Wasser, ich fang dich auf." Den Abstand zwischen uns vergrößerte sie immer etwas mehr. Nach einiger Zeit sagte sie: „So, jetzt schwimm."

Die Schwimmbewegungen hatte sie mir schon gezeigt. Und tatsächlich, ich konnte schwimmen. Paula nahm mich in die Arme. Wir beide waren glücklich.

Zu Hause erzählte sie Mutter, dass ich schwimmen könnte. Mutter freute sich.

Wie immer gab Mutter uns gekühlte Milch zu trinken, zur Erfrischung.

Großvater Bernard und die Tageszeitung

Sein Ruhesessel stand neben Mutters Herd im Wohnzimmer. Trotz seines hohen Alters war er körperlich noch in einer guten Verfassung und geistig sehr rege. Nach dem Mittagessen las er die Tageszeitung. Die mussten wir Schulkinder aus Ramsdorf mitbringen. Eines Mittags hatte ich die Zeitung vergessen. Opa gab kein Pardon. Die Zeitung musste her. Meine Schwester Klara fuhr mit dem einzigen Fahrrad, das wir Schulkinder besaßen, nach Ramsdorf und holte sie.

Mit dem Kutschwagen sonntags zur Kirche

Solange wie möglich wollte Großvater am Sonntag einen Gottesdienst mitfeiern. Das war ihm sehr wichtig. Laufen konnte Großvater den weiten Weg zur Kirche nicht mehr und mit dem Fahrrad ging es auch nicht. Also kaufte Vater einen Kutschwagen. Großvater lenkte selbst das Pferd. „Unsere“ Gastwirtschaft Schlüter besaß noch Pferdeställe. Dort konnte Opa das Pferd einstellen.

Nach dem Hochamt ging es dann zügig im leichten Trab nach Hause. Gemütlich. Nur mussten wir Kinder uns ruhig verhalten. Opa wollte sich voll auf das Kutschieren konzentrieren.

Hofhunde

Einer unserer Hofhunde hieß Nero. Wir Kinder hatten Angst vor ihm. Mutter konnte gut mit ihm umgehen. Tagsüber war Nero im Zwinger, es sei denn, Mutter machte mit ihm einen Spaziergang. Abends, wenn alle zu Hause waren, ließ Mutter Nero frei auf dem Hof herumlaufen. Er sollte den Hof bewachen. Es war Kriegszeit.

Mir wäre das Tier fast zum Verhängnis geworden. Eines Mittags sollte ausnahmsweise ich Nero das Fressen bringen. Der Fressnapf im Zwinger war umgestülpt. Ich bückte mich, um den Napf umzudrehen. Der Hund meinte wohl, ich wollte ihm das Fressen wegnehmen. Mit einem Wutgebell stürzte sich das Tier auf mich, warf mich auf den Rücken und biss mir in den rechten Oberarm. Als Nero erneut zubeißen wollte, riss mein Vater das Tier zurück. Woher er so schnell gekommen war, weiß ich nicht. Mein Vater, mein Schutzengel.

Hier noch eine Ergänzung zur Begegnung mit unserem Nero: Ich habe ihm kein Fressen mehr gebracht.
Außerdem wurde der Fressnapf am Zwinger so angebracht, dass man ihn von außen füllen konnte.

Der Kettenhund vom Nachbarn

Noch ein Vierbeiner machte mir als Kind arg zu schaffen. Ich musste als Schulkind oft die Kirchenzeitung austragen. Auf einem der Nachbarhöfe gab es einen kleinen Fiffi, der an einer langen Kette in seiner Hundehütte lag. Näherte ich mich ihm, schoss er wütend kläffend aus der Hütte auf mich zu. Ich wusste nicht, wie ich unbehelligt bis zur Haustür gelangen konnte, denn die Kette reichte genau bis dahin. Ich erzählte Mutter von meiner Angst. Sie sagte mir, ich müsste ruhig mit dem Tier sprechen, ihm fest in die Augen schauen und langsam zur Haustür gehen, auf keinen Fall rennen. Mit klopfendem Herzen befolgte ich Mutters Rat. Es klappte. Mit der Zeit verlor ich die Angst vor Nachbars Fiffi.

Meine Mutter, wir Kinder und die Arbeit auf dem Hof

Mutter begann früh um sechs Uhr mit der Arbeit. Nachdem sie im Kohleherd Feuer gemacht hatte, trockenes Anlegeholz musste ich am Vorabend aus dem Holzschuppen holen, bereitete sie für uns Schulkinder das Frühstück. Mit mir besuchten damals Klara, Paula, Agnes und Hedwig die Volksschule in Ramsdorf. Zum Frühstück gab es gekochte Vollmilch mit Knabbeln darin (getrocknetes Weißbrot). Während wir aßen, machte Mutter die Schulbrote. Mit einem Segenswunsch schickte sie uns auf den Schulweg.

Ein längerer Schlackenweg führte zur B 67. Waren wir auf der Landstraße angekommen, übernahm Paula die sportliche „Führung“. 100 Meter Schritt, 200 Meter Dauerlauf. Wir orientierten uns an den Telegraphenmasten, die jeweils 100 Meter Abstand voneinander hatten. Mit besagtem Frühsport waren wir fast immer pünktlich um 7.15 Uhr im Schulgottesdienst. Um 8 Uhr begann der Unterricht.

Waren die Schulkinder aus dem Haus, frühstückte Mutter mit Vater und den großen Geschwistern. Diese hatten inzwischen die Kühe gemolken, das ganze Vieh auf der Tenne versorgt, die Ställe gesäubert und mit frischer Streu versehen. Die 20-Liter Milchkannen mit der Frischmilch vom Tage standen vorn auf dem Hof zum Abholen bereit. Unser Milchbauer brachte sie mit Pferd und Wagen zur Ramsdorfer Molkerei. Auf dem Rückweg

brachte er - je nach Bedarf- für den Haushalt Butter, Käse und Buttermilch mit.
Das Vieh bekam Magermilch. Nach dem Frühstück fütterte Mutter die Schweine und kümmerte sich um das Federvieh. Dann machte sie ihren morgendlichen Rundgang über den Hof. Wieder im Haus, schaute sie bei den Zimmerpflanzen nach dem Rechten. Ihre besondere Sorge galt den großen Zimmerlinden auf den Fensterbänken in der Diele.
Rechtzeitig bereitete sie das Mittagessen für die große Familie vor, während meine Geschwister und Vater ihrer Arbeit nachgingen, je nachdem, was anstand.

Nach dem Mittagessen war eine Stunde Mittagsruhe. Im Winter beanspruchte das Vieh in den Ställen viel Zeit. Abends versammelte sich die Familie noch einmal um den großen Esstisch im Wohnzimmer. Oft hatte Mutter eine Milchsuppe vorbereitet. Dazu gab es Bratkartoffeln oder Pfannkuchen. Im Winter endete der Abend nicht selten mit dem Gesang alter Volkslieder. Die Mädchen handarbeiteten dabei. Mutter stopfte meistens im Schein ihrer schönen Kuppellampe die Löcher in unseren Strümpfen. Gegen 22 Uhr begann die Nachtruhe.

Ich habe meine Mutter immer bewundert. Sie hatte ein freundliches Wesen und war allem Schönen zugetan. Klug und umsichtig bewältigte sie mit großer Energie den Alltag. Mürrisch habe ich sie nicht gesehen, müde manchmal. Getragen wurde Mutter von einem großen Gottvertrauen. In einem ihrer Morgenlieder erbat sie Gottes Segen „für des Tages Müh'n und Sorgen."

Abends hörte ich sie bisweilen singen: „Leise sinkt der Abend nieder und mein Tagwerk ist vollbracht.“ Und in einer weiteren Strophe erbat sie für sich und alle ihre Lieben Gottes Schutz für eine gute Nacht.

Mutter hatte großes geistiges Interesse. Viele ihrer Lieder und Gedichte aus ihrer Schulzeit kenne ich heute noch. In ihrem Garten arbeitete sie besonders gern. Blumen liebte sie über alles. Einige ihrer zahlreichen Enkeltöchter nannten sie die Rosenoma.

Wann immer es ihre häuslichen Pflichten erlaubten, durchstreifte sie die schönen Wälder hinter unserem Hof mit unserem Hofhund. Ich begleitete sie gern, wenn ich Zeit hatte, aber ohne Hund.

Wir Kinder waren Mutter in Gedanken sozusagen immer präsent. Wie sehr, verdeutlicht folgendes Erlebnis.

Als Oberstufenschülerin des Dorstener Mädchengymnasiums fuhr ich eines Tages mit dem Zug zu den Ruhrfestspielen in Recklinghausen, King Lear stand auf dem Spielplan. Wir hatten die Tragödie in der Schule in Englisch gelesen.
Nach der Abendvorstellung musste ich noch wieder nach Hause. Spät in der Nacht kam ich in Borken am Bahnhof an. Und dann standen noch 5 km mit dem Fahrrad an.

Auf dem Schlackenweg, der zu unserem Hof führte, sah ich im Dämmerlicht langsam eine Gestalt auf mich zukommen. Ich war sehr erstaunt. Es war Mutter. Sie konnte nicht schlafen, weil ich noch nicht zu Hause war.

Wohl hatte ich ihr gesagt, es würde spät. Wie spät, wusste ich vorher nicht. Es waren bis Recklinghausen an die 40 km Zugfahrt. Ich stieg vom Fahrrad und ging langsam mit Mutter nach Haus, wo eine kurze Nachtruhe auf uns wartete.

Eine Gluckhenne und ihre Küken

Ich erwähnte im vorherigen Text, dass Mutter sich sehr um ihre Hühner kümmerte. Dazu fällt mir noch eine amüsante Geschichte ein.
Mutter sagte mir, das käme immer mal wieder vor. Ich will davon erzählen.

Auf der Südseite unseres Buchenwäldchens, unter dichtem Gestrüpp, brütete im Sommer hin und wieder eine Gluckhenne ihr Gelege aus. Gänzlich überraschend kam sie dann aus dem Wäldchen auf den Hühnerhof spaziert und präsentierte stolz ihre kleine Kinderschar. Oft waren es an die zehn kleinen putzigen Kükchen, die brav, eins nach dem anderen, hinter ihrer Gluckhenne her trippelten. Diese kleinen Geschöpfe mit ihrem flaumweichen Federkleidchen sahen so bezaubernd aus, dass ich mich nicht satt daran sehen konnte.

Einmal erlebte ich, wie eine Henne vor einem drohenden Gewitter in höchster Aufregung ihre kleinen Küken um sich sammelte. Sie breitete weit ihre Flügel aus, so dass darunter all ihre Kleinen Schutz vorm Regen fanden. Ich konnte nur noch staunen.

Schulwechsel zum Gymnasium

Das Borkener Gymnasium war 6 km von uns zu Hause entfernt. Ein Fahrrad musste her. Im Kriegsjahr 1942 gab es für mich kein passendes zu kaufen. Mutter musste eins für mich organisieren. Gegen zwei Gänse erstand sie für mich ein silbern lackiertes 26er Herrenfahrrad, das mich bis zum Abitur begleitet hat. Weil es in den letzten Kriegsjahren keine normale Bereifung zu kaufen gab, hat Vater es vollgummibereift. Dort, wo die zwei Enden des Vollgummireifens aneinander geklammert waren, huppelte mein Fahrrad beim Fahren. Deswegen nannte ich es später „Silberhuppel".

Am 1. Schultag begleitete mich ab Gemen die Tochter einer befreundeten Familie zum Gymnasium. Sie besuchte es schon seit einem Jahr. In den ersten Jahren während meiner Gymnasialzeit wurde ich rührend nett jeden Morgen von meiner Schwester Paula auf den Weg gebracht. Sie hatte 1942 die achtjährige Volksschulzeit beendet. Meine Mutter hatte zu ihr gesagt: „Paula, sorg du für Hilde, dass sie gut zur Schule kommt." Paula sorgte für mein Schulbutterbrot, schnallte die Schultasche auf den Gepäckträger meines Rades, ließ mich aufsteigen und schob mich, sportlich wie sie war, im Eiltempo bis zum Bahnübergang. Dort gab sie mir einen Schubs, ich winkte ihr zu und fuhr los.

So liebevoll begleitet, musste jeder Schultag gelingen auf der neuen Schule. Ich kam in eine gemischte Klasse von Jungen und Mädchen, die fast alle aus Borken kamen. Ich war eine der wenigen Auswärtigen.

Unsere 1. Fremdsprache war Englisch. „Jim in the Camp“ hieß die 1. Lektion. Ich lernte sie fast auswendig, weil mir das Englischsprechen Spaß machte.

Hausaufsätze

Während meiner Gymnasialzeit besuchten meine beiden jüngeren Schwestern Bernadette und Gerda noch die Volksschule in Ramsdorf. Die beiden verstanden sich besonders gut. Nachmittags hatten sie zu Hause immer so viel zu tun, dass sie aus „Zeitmangel" die Hausaufgaben auf den späten Nachmittag verschoben, und dann musste es schnell gehen. Die Hausaufsätze machten ihnen immer große Sorgen. Wenn sie einen schreiben mussten, machten sie mich immerhin rechtzeitig darauf aufmerksam und baten mich, ihnen dabei zu helfen. Das gestaltete sich oft als sehr zeitaufwendig, so dass ich mich dann entschied, sie selber schnell zu schreiben. Hocherfreut versicherten sie mir dann, sie würden sofort frische Hörnchen (Neujährchen) für mich backen. Sie wussten, dass ich sie gerne aß. Woher die beiden die Zutaten nahmen, danach fragte ich besser nicht. Aber backen konnten sie schon als Schulkinder gut.

Der Deal gestaltete sich folgendermaßen: Solange ich schrieb, bekam ich in regelmäßigen Abständen ein frisches, knuspriges Hörnchen. Sobald ich fertig war, setzte der Nachschub schlagartig aus.

Wenn meine Schwestern in der Schule „ihren Aufsatz" vorlesen durften, gab es immer ein schönes Lob. Allerdings mussten sie sich bisweilen von ihren Mitschülern sagen lassen, dass sie den Aufsatz wohl nicht selber geschrieben hätten. Aber damit konnten meine beiden Schwestern ganz gut leben.

Festtage im Laufe des Jahres

Weihnachten

Auf Weihnachten freuten wir Kinder uns sehr. Gemessen an heutigen Verhältnissen war es ein einfaches, schlichtes Fest. Vater holte aus dem Wald einen Tannenbaum. Meine Schwestern schmückten ihn mit leuchtenden Kugeln, farbigen Kerzen, schneeweißen Vögelchen, Glöckchen, Lametta und Engelshaaren, wunderschön anzusehen. Heiligabend stellten wir Kinder unsere Teller unter den Christbaum und erwarteten mit großer Spannung, was das Christkind in der Nacht bringen würde.

Wenn früh am Weihnachtsmorgen laut und vernehmlich unten aus der Diele Vaters „Heiligste Nacht“ erklang, Vater hatte eine wunderschöne Stimme, rannten wir Kinder die Treppe runter zum Teller hin. Darauf lagen: Selbstgebackene Plätzchen, ein dicker roter Boskop, Walnüsse, ein Schal, eine Mütze oder Fausthandschuhe.

Einmal fand ich eine ganz besondere Überraschung vor. Auf meinem Platz stand ein weiß gestrichenes Puppenbettchen mit Baldachin, Marke Eigenbau. Kopfkissen und Zudecke hatten Bezüge aus Voile. In diesem Himmelbettchen lag ein hübsches, selbstgemachtes Püppchen mit langen Zöpfchen aus gelber Wolle. Meine Schwester Maria, eine gelernte Schneiderin, hatte diese Kinderherrlichkeit für mich hergestellt. Ich war glücklich, besonders über das Püppchen. Ein gekauftes habe ich nicht besessen. Übrigens: Zur Erinnerung an diese beglückenden Christkindelgaben blieb ein kleiner weißer Farbfleck in Mutters grünem Damastbettbezug, weil an einer Stelle des Puppenbettchens die Farbe nicht ganz getrocknet war. Ich hatte mich mit all meinen Habseligkeiten in Mamas Bett nebenan verzogen. Es war noch frühmorgens, und Mutter war mit dem Fahrrad zur Frühmesse gefahren. In Mamas Bett war es kuschelig warm.

Als Schulkind besuchte ich mit meinen Schwestern am 1. Weihnachtsmorgen den Kindergottesdienst um 8 Uhr in unserer Pfarrkirche. Im Dunkeln machten wir uns zu Fuß auf den Weg. Oft war es auch empfindlich kalt. Und frühstücken durfte man damals vor dem Kommunionempfang auch nicht. Die weihnachtlich geschmückte Kirche mit den vielen brennenden Kerzen und der schönen Krippe entschädigten uns für den Weg. Wenn wir dann nach dem Kirchgang in Mutters warmer Wohnstube am schön gedeckten Frühstückstisch saßen, begann für uns der gemütliche Teil von Weihnachten. Wir aßen Mutters selbstgebackenes Rosinenbrot mit Butter und frischem Käse, dazu tranken wir warmen gesüßten Malzkaffee. Wenn am Abend das Vieh versorgt war und wir zu Abend gegessen hatten, zündete Vater die Kerzen am Weihnachtsbaum an, und wir sangen die vertrauten, schönen, alten Weihnachtslieder.

Kookedage

Zu Beginn eines neuen Jahres gab es bei uns zu Hause einen alten Brauch. Die verheirateten Geschwister, auch die, die auswärts wohnten, kamen zu Besuch. Es gab viel Kuchen, deshalb der Ausdruck Kookedage (Kuchentage). Ein Highlight waren die frisch gebackenen Eiserkuchen oder Iserkooken. Der Teig wurde früher mit langstieligen Zangen-Waffeleisen im offenen Herdfeuer gebacken, später auch in der Glut des Kochherdes. Die knusprigen Waffeln ließen sich im heißen Zustand rasch zu Hörnchen formen. Sie waren für uns alle ein Hochgenuss. Weil sie meistens nur in der Zeit um Neujahr gebacken wurden, hießen und heißen sie heute noch Neujährchen bei uns.

Ich backe sie heute noch das ganze Jahr hindurch zur Freude meiner Familie, unserer Nachbarkinder und Bekannten, allerdings mit einem elektrischen Waffeleisen.

Wohl duftet es auch heute angenehm in der Küche, wenn ich Hörnchen backe, aber die Atmosphäre von damals beim Eiserkuchenbacken im offenen Herdfeuer kann ich nicht zaubern.

Ostern

Auch auf dieses Fest freuten wir Kinder uns sehr. Als wir noch an den Osterhasen glaubten, sagte Vater zu uns in der Karwoche: „Kinder, sucht alle alten Töpfe zusammen und bringt sie in die „Barge“ (Berge).“ Ich erwähnte eingangs das weitläufige hügelige Waldgebiet direkt hinter unserem Hof. „Der Osterhase gebraucht sie zum Kochen und Färben der Eier.“ Gesagt, getan. Dann bauten wir mit Steinen und Moos kunstfertige Osternester draußen vor der Scheune.

Schon früh am Morgen des 1. Ostertages weckte Vater uns mit dem uns vertrauten Lied „Das Grab ist leer, der Held erwacht, der Heiland ist erstanden.“ Wohltönend erklang seine Stimme aus der Diele zu uns Kindern in den oberen Schlafräumen - meine Eltern schliefen im Erdgeschoss. Wir Kinder rannten dann, oft barfuß, um zu schauen, wie viele bunte Ostereier der Osterhase uns gebracht hatte. Für uns waren die Ostereier etwas Besonderes. Ein gekochtes Ei gab es nur zum Namenstag. Die meisten Eier verkaufte Mutter an den Eiermann, der wöchentlich kam. Das Eiergeld war Mutters Einnahmequelle.

An einem Ostermorgen waren wir Kinder bitter enttäuscht. Die Nester waren leer. Eierschalen lagen umher. Nero, unser Hofhund, hatte alle Ostereier gefressen. Mutter war auch traurig. Sie tröstete uns aber und sagte: „Am Nachmittag, wenn die Hühner Eier gelegt haben, koche ich für euch neue.“

De Pingsterbruud

Dieses Fest zu Pfingsten, wenn alles blühte und grünte und der Roggen schon so hoch stand, dass ein Hase sich darin verstecken konnte, wie Vater sagte, war das schönste meiner Kindheit und frühen Jugend. Es war das Frühlingsfest der Kinder.

Am frühen Nachmittag des 1. Pfingsttages versammelten sich auf dem Hof der Pfingstbraut alle Kinder und Jugendlichen bis zum 8. Schuljahr, die zum „Hook", zur Nachbarschaft gehörten, an die 20 bis 25. Die Mädchen und Jungen des 8. Schuljahres hatten das „Sagen". Sie sorgten für einen geregelten Ablauf des Festes.

Das Fest begann mit dem Umzug, den die festlich gekleidete Pfingstbraut anführte. Sie schritt voran unter einem mit Papierrosen und bunten Girlanden geschmückten Bogen, den zwei größere Kinder trugen. Zu beiden Seiten begleiteten sie Blumenmädchen, die ein Körbchen mit Streublumen trugen. Die Pfingstbraut zog mit ihrem Gefolge von Hof zu Hof.

Unterwegs erklang immer wieder das Lied von der Pfingstbraut. (**Plattdeutsch–>Hochdeutsch im Anhang**)

„Pingsterbruud, denn Sommergeck,
geht alle Daage denn wieden Wegg.
Een Äei dat batt em nich,
twee Äeier dat schadt em nich,
fieventwintig upp denn Diss,
dann weet dee Bruud, wann Pingsten is."

Vor jedem Bauernhaus sangen die Kinder noch einmal ihr Lied von der Pingsterbruud und baten dann:
„Mooder, Mooder, load us nich so lange stoan,
wii mütt noch een Hüsken wider goan.“

Die Bäuerin trat vor die Tür, begrüßte die fröhliche Schar, bestaunte die Pfingstbraut und ihr Gefolge. Dann schenkte sie dem „Organisationsteam“ Süßigkeiten, Eier und Geld für die Ausgaben des Festes. Die Pfingstbraut bekam meistens eine hübsche Schlafpuppe geschenkt.

Nach dem 2- bis 3-stündigen Rundgang nahmen alle Kinder an einem langen gedeckten Tisch Platz. Sie durften nach Herzenslust frischen Hefekuchen essen und Limonade trinken. Wer mochte, aß auch ein gekochtes Ei.

Nachdem alle satt waren, begann der Spielnachmittag: Blindekuh, Plumpsack und Kreisspiele für die Kleinen, Völkerball, Räuber und Gendarm und Verstecken spielen auf dem weiten Hofgelände für die Großen.

Bei Anbruch der Dunkelheit ging es nach Hause, müde aber glücklich.

Noch Jahre später, als ich nicht mehr zum Kreis der Pfingstbraut gehörte, folgte ich von weitem der fröhlichen Schar, wenn sie durch die Felder von Hof zu Hof zog und lauschte der vertrauten Melodie von der Pfingstbraut:

„Pingsterbruud, denn Sommergeck ...“

Es ist Krieg

Wie wir uns vor den Bombenangriffen zu schützen versuchten

Einen einigermaßen sicheren Keller hatten wir zu Hause nicht. Bei nächtlichem Bombenalarm weckte Vater uns Kinder, und wir liefen mit ihm beim Licht einer Stalllaterne zu unserem Erdbunker. Er befand sich am Rande eines nahen Feldes zwischen Hof und Höingsberg.

Vater, als Kriegsteilnehmer des 1. Weltkrieges von 1914 bis 1918, wusste, wie solch ein Erdbunker gebaut wurde. Ein gewundener Gang führte zu der niedrigen Öffnung des Bunkers. Innen drin befand sich frisches Stroh.

Mutter stand zwar bei Fliegeralarm auf, aber sie blieb auf dem Hof, mit meinen großen Schwestern Franziska und Änni.

Es war unheimlich in diesen Bombennächten, wenn die Sirenen heulten, das Geräusch der Bomberverbände immer lauter wurde. Der Himmel über dem Ruhrgebiet war für Stunden taghell erleuchtet wegen der Leuchtraketen, die von den Flugzeugen abgeworfen wurden. Hatten die Bomber sich ihrer Tod und Zerstörung bringenden Last entledigt, gaben die Sirenen Entwarnung. Wir Kinder durften wieder in unsere Betten. Zum Glück ist uns allen zu Hause in diesen Nächten kein Unglück passiert.

Mutter gab jedem etwas

Im weiteren Verlauf des Krieges nahm die Zerstörung des Ruhrgebietes durch die feindlichen Bombardements zu. Die Zivilbevölkerung begann zu hungern. Was es auf den Lebensmittelkarten zu kaufen gab, reichte nicht für eine ausreichende Ernährung.

In Scharen strömten die Menschen aufs Land und erbaten Lebensmittel. Zu uns kamen besonders viele. Zu Fuß liefen die Zugreisenden aus dem Ruhrgebiet entlang der Eisenbahnschienen von Borken aus zu uns auf den Hof. Die Bahnstrecke ist inzwischen abgebaut worden.

Mutter gab jedem etwas, der an unsere Haustür klopfte. Begehrt waren Lebensmittel wie Wurst, Speck Butter, Eier. Manch einer stärkte sich mit einem Brot und trank ein Glas Milch dazu.

Tag und Nacht Fliegeralarm

Im weiteren Kriegsverlauf wurde die Bombenoffensive gegen deutsche Städte und militärische Einrichtungen durch die Einbeziehung amerikanischer Bomberverbände immer häufiger und bedrohlicher, auch bei uns im Münsterland. Borken, Coesfeld und Münster wurden fast total zerstört. Tag und Nacht heulten die Sirenen. Hinzu kamen die Tiefflieger, die Sturzkampfflugzeuge, kurz Stukas genannt, die auf alles schossen, was sich bewegte. Das begann im Herbst 1944. Oft habe ich, wenn ich für Mutter in Ramsdorf Besorgungen machen musste, in fürchterlicher Angst im Straßengraben Deckung gesucht, wenn die Stukas in geringer Höhe mit ohrenbetäubendem Lärm über mich hinweg düsten und aus ihren Bordkanonen schossen.

Freiwillige Küchenhilfe

Im Herbst 1944 waren in einer Gaststätte in Ramsdorf für mehrere Wochen 15- bis 16-jährige Jungen der HJ, Hitlerjugend, einquartiert. Sie waren von der Wehrmacht beauftragt, auf den Straßen Panzersperren zu errichten. Außerdem mussten sie am Rande des Waldgebietes um den Lünsberg Laufgräben ausheben. Alles sollte der Verteidigung des Landes dienen. Genutzt hat es nichts.

Für die Versorgung der Jungen war im Hof der Gaststätte Lohmann eine Feldküche aufgebaut. Von gleichaltrigen Mädchen aus Ramsdorf erfuhr ich, dass Küchenhilfen fürs Kartoffelschälen gesucht wurden. Da ich keine Schule hatte, stellte ich mich zur Verfügung. Wir Mädchen saßen auf der Tenne eines gegenüber liegenden Hauses. Ich brachte es zu einer ziemlichen Perfektion im Kartoffelschälen. In drei Stunden, von 9 Uhr bis 12 Uhr, hatte ich drei 10 l-Eimer voll geschält.

Fast hätten die Bomben unser Haus getroffen

Im Herbst 1944 wäre unser Haus an helllichtem Tag fast von fünf schweren Bomben getroffen worden. Wahrscheinlich hatten die Bomber es auf die Bahnlinie abgesehen, die ja unweit unseres Hofes verlief. Aber sie verfehlten ihr Ziel. Die Bomben fielen auf die Wiese und das Feld zwischen Gleise und Hof. Jeder Bombenkrater war so groß, dass unser zweistöckiges Haus hineingepasst hätte. Die Fensterscheiben im Haus waren zersprungen und die Dächer vom Haus und angrenzenden Wirtschaftsgebäuden stark beschädigt. In kürzester Zeit waren Polizei und alle Nachbarn auf unserem Hof. Die Nachbarn halfen, die Dächer notdürftig zu reparieren. In Ramsdorf, wo ich für Mutter Besorgungen machen musste, erfuhr ich von dem Bombenangriff bei uns zu Hause.

Die Kunde verbreitete sich wie ein Lauffeuer. In größter Eile und in entsetzlicher Angst fuhr ich nach Hause. Ich wusste ja nicht, was genau geschehen war, ob alle noch lebten. Zum Glück und zu meiner großen Erleichterung trafen meine schlimmsten Befürchtungen nicht ein. Keiner von uns wurde verletzt. Alle waren mit dem Schrecken davon gekommen.

Einquartierung

In den letzten Kriegswochen, im März 1945, als die Alliierten immer weiter nach Westen in unser Land vordrangen, versuchte die deutsche Wehrmacht einen geordneten Rückzug. Eine kriegerische Auseinandersetzung wäre sinnlos gewesen, da die Deutschen, was Material und Personal anging, hoffnungslos unterlegen waren.

So war die Situation, als ein Trupp Soldaten für ein paar Tage auf unserem Hof Quartier bezog. Eine Feldküche wurde aufgebaut. Die Vorgesetzten bekamen bei uns im Haus ein Zimmer. Die Soldaten verteilten sich über den ganzen Hof. Nachts schliefen sie auf dem Heu- oder Strohboden.

Nach wenigen Tagen Ruhepause zogen die Soldaten weiter, einer ungewissen Zukunft entgegen. Wenn sie nach überstandener Gefangenschaft, nach Kriegsende, heil nach Hause zurückkehren konnten, so war das ein großes Glück.

Beim Abzug von unserem Hof fehlte dem PKW des Vorgesetzten der Kraftstoff. Zwei Pferde zogen den Wagen vom Hof. Zum Glück waren es nicht unsere Pferde.

Die Front bei uns

Wenige Tage nach dem Abzug der deutschen Soldaten von unserem Hof rückten die Amerikaner ein. Es war ein Karfreitag, im März 1945, ein trüber, angsterfüllter Tag. Bei uns in der Gegend befanden sich noch vereinzelt deutsche Soldaten. Ich bangte um ihr Leben. Dazu hatte ich allen Grund. In der Nacht hatte ein Unteroffizier, ein unbelehrbarer Fanatiker, an das Schlafzimmerfenster meiner Eltern geklopft, - wir Kinder schliefen oben – und meinem Vater bedeutet: „Wir kämpfen bis zum letzten Atemzug."

Am Tag der Invasion mussten wir Kinder vorwiegend im Erdbunker bleiben. Zur Versorgung durften wir hin und wieder ins Wohnhaus. Vom 2. Stockwerk aus sah ich die amerikanischen Kampfpanzer mit ihren langen Geschützrohren über die B67 rollen, von Gemen aus kommend auf Ramsdorf zu. Sie bewegten sich langsam, hielten auch oft spähend an. Allzu lange durfte ich nicht auf meinem Beobachtungsposten bleiben. Ich musste zurück in den Erdbunker.

Dort gestaltete sich der Tag für uns ganz furchtbar. Wohl blieben wir geschützt, aber wir hörten den Kanonendonner, als das direkt an der Straße liegende Gehöft eines Nachbarn in Brand geschossen wurde. Kurz danach schlich ein deutscher Soldat zu uns in den Bunker und sagte, bei dem besagten Nachbarn wäre auf dem Feld hinterm Haus ein junger Mann tödlich getroffen worden. Wir dachten an den ältesten der drei Söhne. Er war ein Spielkamerad von uns. Ich weinte und weinte.

Bei jedem Schuss zuckte ich zusammen. Wenig später wurde ein 2. Gehöft an der Straße in Brand geschossen. Dabei kam eine Frau aus dem Haus ums Leben.

Im Laufe des Tages erfuhren wir, dass unser Spielkamerad unverletzt war. Er war bei dem Angriff aufs Haus auf das dahinterliegende Feld geflüchtet und in Deckung gegangen.

Unser Hof blieb unbeschadet. Gegen Mittag hatten meine Mutter und meine Schwester Franziska ein weißes Bettlaken aus einem der Fenster im Obergeschoss gehängt, gut sichtbar von der Straße aus. Als die Gefahr vorüber war, durften wir Kinder wieder ins Haus.

Das Haus unseres Nachbarn war ausgebrannt. Der Geruch von Schwelbrand lag noch lange in der Luft. Von den 6 Personen unseres Nachbarn blieben 2 bei uns, bis ihr Haus notdürftig wieder hergerichtet war. Bei uns hatte auch noch eine 3-köpfige schlesische Flüchtlingsfamilie eine Bleibe gefunden.

Karsamstag 1945

Der Tag nach der Invasion verlief ruhig, merkwürdig still. Gegen Mittag wurde uns wieder bewusst, dass die Amerikaner unser Land besetzt hatten. Wir Kinder waren mit Mutter in der Küche versammelt, als plötzlich zwei amerikanische Offiziere bei uns in der Küche standen. Sie machten einen friedlichen Eindruck. Nur, wir konnten nicht verstehen, was sie wollten. Sie fragten immer nach eggs. Meine Englischkenntnisse waren dürftig. In den 2 Jahren Englisch auf dem Gymnasium war nie das Wort vorgekommen.

Wir dachten zunächst an eine Axt, die heißt bei uns auf Plattdeutsch „Äckse“. Aber darauf konnten wir uns auch keinen Reim machen. Wir schauten alle ratlos drein. Plötzlich öffnete einer der Offiziere die Kellertür, die von der Küche aus direkt in den Keller führte. Freudestrahlend kam er mit einer Lage Eier, das waren 30 Stück, wieder heraus. Die Offiziere bedankten sich und fuhren wieder fort. Nun wussten alle, was eggs bedeutet.

Ostern 1945

Am 1. Ostertag gingen mein Vater und ich zu Fuß nach Ramsdorf zur Kirche. Mit dem Fahrrad zu fahren war nicht ratsam, denn die ehemaligen polnischen Gefangenen hatten es besonders auf Fahrräder abgesehen. Auf dem Weg zur Kirche kamen wir an dem zerstörten Wohnhaus unserer Nachbarn vorbei, wo eine der beiden Frauen bei der Invasion zu Tode gekommen war. Ramsdorf war nicht zerstört worden, bis auf wenige Ausnahmen. Leider war ein junges Mädchen tödlich getroffen worden. Meine Schwestern kannten es gut.

Nach dem Ostergottesdienst, der weniger festlich war als sonst, machten mein Vater und ich uns sofort wieder auf den Heimweg. Wohl gab es bei uns zu Hause Ostereier, aber eine fröhliche Stimmung wollte nicht aufkommen.

Meine Familie auf dem Hof hatte die Invasion der Amerikaner unverletzt überstanden. Das Schicksal meiner beiden Brüder war ungewiss. Wir hatten von beiden kein Lebenszeichen.

Auch dachten wir an unsere Schwestern, die nicht mehr oder vorübergehend nicht zu Hause wohnten. Ein Telefon hatten wir 1945 noch nicht, und wir hatten noch keine Nachricht, wie sie die Invasion überstanden hatten. Umso mehr freuten wir uns, als Agnes als erste der abwesenden Schwestern am Vormittag des 2. Ostertages bei uns eintraf.

Agnes machte damals ein einjähriges Praktikum auf einem Bauernhof in Hoxfeld bei Borken, geschätzte 12 km von uns entfernt. Auch ohne Telefon hatte sich bei ihr herumgesprochen, dass in unmittelbarer Nähe von uns zwei Nachbarhäuser in Brand geschossen worden waren und eine Nachbarin tödlich verletzt worden war.

Früh am 2. Ostertag hatte sich Agnes auf den langen Fußweg nach Hause gemacht. Ich hielt mich gerade draußen auf dem Hof auf und sah sie zu Fuß ankommen. Ich rannte ihr entgegen. Weinend umarmte sie mich und schluchzte: „Ik dach, ik häd uh nie wieersehen.“ (Ich dachte, ich hätte euch nie wiedergesehen).

In den Tagen darauf erfuhren wir, dass auch den vier anderen Schwestern kein Unglück geschehen war, Lisbeth und Maria mit ihren kleinen Kindern auf ihren Höfen. Toni lebte als Wirtschafterin auf einem Bauernhof in Ramsdorf-Holthausen, der später ihr zu Hause wurde. Sie heiratete den Bruder des im Krieg verstorbenen Bräutigams von Franziska.

Auch Hedwig, die bei meiner Schwägerin in der Gärtnerei in Ramsdorf wohnte, war nichts zugestoßen. Die Gärtnerei mit dem schönen Landhaus war verschont worden. Die Schwägerin und ihr kleiner Sohn waren bei der Invasion auch heil davon gekommen.

Das normale Leben kehrte zurück, ohne Fliegeralarm, ohne die Nächte im Erdbunker.

Am Ende des Krieges war unsere Hofgemeinschaft um sechs Personen gewachsen: Zwei obdachlose Nachbarn, eine dreiköpfige schlesische Flüchtlingsfamilie und ein junger Flüchtling, der über ein Jahrzehnt bei uns blieb.

Ansonsten: Es war Frühling. Die Frühjahrsarbeit auf den Feldern und Wiesen begann.

In dem Gedicht „Chronik“ von Lulu von Strauß und Torney, das vom 30-jährigen Krieg handelt, heißt es an einer Stelle: „Es wuchs eine neue Wintersaat über Jammer und Krieg und Morden...“

Wie tröstlich!

Ende des 2. Weltkrieges

Am 30. April 1945 nahm sich Adolf Hitler im Führerbunker in Berlin das Leben.

Am 9. Mai folgte die bedingungslose Kapitulation Deutschlands. Der Traum von Hitlers Großdeutschem Reich war zu Ende. Das 3. Reich dauerte nur 12 Jahre, von 1933 bis 1945. Und wie sah das Ende aus?

Millionen und Abermillionen, nicht nur in Deutschland, sondern in ganz Europa, waren zu beklagen. Der 2. Weltkrieg hatte den Menschen unsagbar großes Leid und Elend gebracht. Viele Städte lagen in Schutt und Asche. Ganze Landstriche waren verwüstet. Viele Menschen, besonders in den zerstörten Städten, hungerten und froren im Winter.

Deutschland wurde von den alliierten Siegermächten in vier Besatzungszonen eingeteilt, in eine amerikanische, englische, französische und russische.

Deutschland war entmachtet. Das Sagen hatten die Siegermächte.

US Soldaten kampieren bei uns auf dem Hof

Kurze Zeit nach der Front schlug eine Gruppe von US-Soldaten mit ihrem Vorgesetzten bei uns auf dem Hof ihre Zelte auf. Die Soldaten waren höflich zu uns. Sie führten reichlich Proviant mit und versorgten sich selbst mit ihrer Feldküche. Hühnereier waren zur Bereicherung des Speiseplans allerdings sehr willkommen.

Die Soldaten hatten viel freie Zeit. Einige hätten liebend gern meine großen Schwestern zu einem Spaziergang ausgeführt. Unterwegs hätte es dann auch Schokolade gegeben, damals eine Rarität, verlockend. Aber meine Mutter hielt nichts davon. Sie verbot die Spaziergänge.

Fazit: Kein Spaziergang, keine Schokolade.

Bernard, mein ältester Bruder

Nicht viel mehr als ein Jahrzehnt habe ich Bernard erlebt. Als ich 1932 als 12. Kind meiner Eltern geboren wurde, war mein Bruder schon fast 20 Jahre alt.

Mit meinem Bruder Bernard verbinden mich viele schöne Erinnerungen.

Unsere heutigen Ärzte, Kinder und Schwiegerkinder werden sich „leicht“ wundern, wenn ich im Folgenden berichte, wie man früher ohne Arzt mit kleinen Blessuren fertig wurde.

Als Kind war ich einmal beim Barfußlaufen auf dem Hof in eine Glasscherbe getreten. Mein Bruder war gerade zu Hause. Mutter erzählte ihm von meinem Missgeschick.
Mein Bruder sagte, ich solle mich auf einen Stuhl knien und mich an der Lehne festhalten. Er nahm sein Okuliermesser, bemerkte noch, es könnte etwas wehtun, und entfernte den Splitter aus meinem Fuß. Mutter verband die Wunde und nach wenigen Tagen konnte ich den Fuß wieder belasten. Die Narbe habe ich heute noch.

Als ich in Ramsdorf die Schule besuchte, musste ich mittags immer allein die 3 km von der Schule nach Hause laufen. Großes Glück hatte ich, wenn mein Bruder zur selben Zeit von der Gärtnerei in Ramsdorf zu uns auf den Hof fuhr. Er setzte mich auf die Querstange seines

Herrenfahrrades. Den unbequemen Sitz vergaß ich, weil mein Bruder mich so spaßig unterhielt.

Wenn mein Bruder Bernard nachmittags im Sommer mit meiner Schwester Hedwig und seinen Gehilfen in der Baumschule arbeitete, musste ich öfter das Vesperbrot hinbringen. Während der Butterbrotpause ging es immer so lustig zu, dass ich wünschte, sie würde sehr lange dauern. Aber das war nicht der Fall.

Von Hedwig möchte ich noch erzählen, dass sie von Kind an bei jedem Wetter meinem Bruder in der Baumschule und in der Gärtnerei geholfen hat. Sie wurde eine begeisterte Gärtnerin. Als mein Bruder zum Militär musste und nach dem Krieg nicht zurückkehrte, hat sie zusammen mit meiner Schwägerin das Geschäft weitergeführt, bis zu ihrer Heirat 1952. Sie heiratete den Sohn von Bernards Lehrherrn, einen Landschaftsgärtner.

Im Gemüsegarten meiner Mutter auf der Südseite des Hofes hatte Bernard schon in jungen Jahren ein Bienenhaus gebaut. Es war durch eine Hecke vom Garten abgetrennt. Einige Male habe ich im Sommer miterlebt, wie mein Bruder mit Hilfe einer Honigschleuder aus den Bienenwaben den Honig gewonnen hat. Noch warm vom Schleudern, floss der goldgelbe, aromatische Honig in einen Auffangbehälter. Einen köstlicheren Honig habe ich nie wieder in meinem Leben gekostet.

In Ramsdorf hatte mein Bruder viele junge Freunde. Sie halfen ihm in der Gärtnerei, bewunderten die Fasanen und Zwerghühnchen in der Voliere hinter dem schmucken Wohnhaus oder gingen mit meinem Bruder an

Sommernachmittagen in der Ramsdorfer Aa fischen, die oft Niedrigwasser führte. Mein Bruder krempelte die Hosenbeine hoch, so dass er bequem durch das Wasser waten und Fische fangen konnte.

Mein Bruder und der jüngste Stiefbruder meiner Mutter, Onkel Fritz, jünger als sein Neffe Bernard, gingen gern zusammen auf die Pirsch. Wenn dabei Onkel Fritz den schlechteren Part erwischt hatte, schimpfte er auf „Teufel komm heraus“ auf plattdeutsch mit seinem Onkel, dabei leicht stotternd. Die Komik dieser Situation kann man sich gut vorstellen. Böse waren sich die beiden aber nie.

Mit 20 Jahren begann Bernard noch eine Gärtnerlehre bei Haddick in Borken. Am Tag seiner Gesellenprüfung wäre er vormittags noch eifrig mit schriftlichen Arbeiten für seine Prüfung um 13 Uhr beschäftigt gewesen, erzählte Mutter mir später, und er hätte öfter gerufen: „Wie spät ist es, Mama?“ Seine Prüfung machte er mit sehr gut, obwohl er wenig Zeit auf die Vorbereitung verwendet hatte. Das hatte zwei Gründe: Er war der geborene Gärtner und Landschaftsgestalter. Außerdem baute er zeitgleich zu seiner Lehre bei uns auf dem Hof eine Baumschule auf. Vater hatte ihm Ackerland überlassen. Mein Bruder hat hart gearbeitet. Er besaß eine ungeheure Schaffenskraft.

Auch die weiteren Schritte zum Aufbau einer eigenen Existenz folgten schnell. Am Ortseingang von Ramsdorf entstand eine Gärtnerei mit zwei großen Gewächshäusern und großen Stauden- und Blumenbeeten im hinteren Gartenbereich. Dazu entstand noch ein schönes Landhaus mit einem Ladenbereich. Das Glück wurde vollkommen, als mein Bruder 1940 seine Jugendfreundin heiratete. Die beiden bekamen einen Sohn.

In den ersten Kriegsjahren war mein Bruder vom Militärdienst zurückgestellt. Der Grund war, er züchtete Reiser eines bestimmten Maulbeerbaumes, dessen Blätter ein bevorzugtes Futter für die Seidenraupen sind. Letztere sind wichtig für die Produktion von Fallschirmseide.

Im weiteren Verlauf des 2. Weltkrieges wurde Bernard doch zum Militärdienst eingezogen. Er war zwei Jahre im hohen Norden von Finnland, in Murmansk, stationiert. Anfang 1945, im Januar, kam er als Begleiter eines Majors nach Deutschland zurück, was er als glückliche Fügung empfand.

Nach kurzem Heimaturlaub kam er im Februar 1945 zu einer neuen Einheit in Burg bei Magdeburg. Am 20. Februar erhielt unsere Familie das letzte Lebenszeichen von ihm. „Wir rücken aus. Ich weiß nicht wohin.“ Seither haben wir nie wieder von ihm etwas gehört oder gesehen. Den Kampf um Berlin im April 1945 hat er wie viele andere nicht lebend überstanden. Die besondere Tragik liegt darin, dass wenige Wochen vor Beendigung des Krieges noch Tausende und Abertausende dem sinnlosen Kriegsgeschehen zum Opfer fielen.

Am Ende des 2. Weltkrieges, nach der bedingungslosen Kapitulation Deutschlands im Mai 1945, war ich 13 Jahre alt. Da war das Schicksal meines Bruders schon besiegelt. Die Familie wusste es nur noch nicht. Laut Mitteilung seiner Einheit galt mein Bruder seit der Zeit als vermisst. Unsere Hoffnung, dass er vielleicht doch noch lebend in russische Gefangenschaft geraten wäre und einstens die Heimat wiedersähe, erfüllte sich nicht. Nachdem er 10 Jahre vermisst war, wurde er für tot erklärt.

Der Suchdienst des DRK konnte trotz gründlicher Recherche das Schicksal meines vermissten Bruders nie aufklären. Er blieb verschollen wie Millionen Soldaten des 2. Weltkrieges. Kein Grab, nichts. Ich höre noch heute meine Mutter, die lange tot ist, klagen: „Wenn ich doch nur wüsste, wo sein Grab ist."

Ich habe meinen Bruder bis heute in lebhafter Erinnerung, seine gewinnende Freundlichkeit, seine kluge, fantasievolle, kreative Art, sein zupackendes Wesen. Meine Trauer um ihn ist immer noch groß. Trost finde ich in dem Gedanken, dass er in der ihm verbliebenen Zeit viel Glück erlebt und intensiv gelebt hat.

Weitere Jahre auf dem Borkener Gymnasium

1942/43 waren die Auswirkungen des 2. Weltkrieges auf dem Lande noch nicht so gravierend. Aber in 1943/44 nahmen die Bombardierungen auf unsere Städte im Ruhrgebiet und auch im Münsterland erschreckend zu. Nach der Invasion der US-Truppen in der Normandie im Sommer 1944 gab es immer öfter Tag und Nacht Fliegeralarm. Die Luftwaffe der Alliierten bombardierte erbarmungslos unsere Städte und wichtige strategische Punkte. Es gab viele Tote und Verletzte. Unsägliches Leid brach über einen großen Teil der Zivilbevölkerung herein.

Unter diesen Umständen war ein Schulbesuch nicht mehr zu verantworten. Von Herbst 1944 bis Spätherbst 1945 schloss das Gymnasium in Borken. Es wurde schwer zerstört. Ende des 2. Weltkrieges war ich 13 Jahre alt. Im Spätherbst nahm das Gymnasium notdürftig den Schulbetrieb wieder auf, im Schichtbetrieb. Die auswärtigen Klassen hatten vormittags Unterricht, die Borkener, bei denen ich eingeteilt war, ab 13 Uhr nachmittags.

Nur ein Teil der Klassenzimmer im Hauptgebäude konnte benutzt werden. Manche Türen wiesen noch Einschusslöcher auf. Alle Kellerräume waren provisorisch zu Klassenräumen umfunktioniert. Es fehlten Lehrer, es fehlte an Unterrichtsmaterialien, Büchern, Schreibheften. Deutsch- und Geschichtsbücher mussten neu bearbeitet werden im Zuge der allgemeinen Entnazifizierung. Für Sport, Kunst und Musik fehlte das Lehrerpersonal.

Aber trotz aller Einschränkungen war ich sehr froh, dass ich ohne Angst vor Fliegeralarm weiter zum Gymnasium gehen durfte. Nach der 9. Klasse mussten wir Mädchen es leider verlassen. Es war eigentlich eine Oberschule für Jungen.

Ein Ausritt, zum Glück ohne böse Folgen

Auf unserem Hof hatten wir zwei Ackerpferde, Ella und Lotte, und zwei Jungpferde.
Oft schwärmte ich meinem Vater vor, wie schön es wäre, wenn wir ein Reitpferd hätten. Und tatsächlich, im Frühjahr 1947 bekamen wir eins. Es hatte ein dunkles Fell und hieß Scheck. Meine vier Jahre ältere Schwester Paula und ich ritten gern. Leider konnten wir keine Reitschule besuchen.

An einem Vormittag in den Osterferien sattelte ich Scheck. Vater prüfte das Sattelzeug, ob es fest saß. Dann ritt ich los. Es war ein erhebendes Gefühl. Das leicht hügelige Waldgebiet hinter unserem Hof war ideal fürs Reiten. Zuerst ging es gemütlich im Trab über die weichen ebenen Waldwege. Dann ritt ich über einen breiten Birkenumsäumten Sandweg. Unvermittelt begann Scheck zu galoppieren. Es war ein berauschendes Gefühl. Ich flog nur so dahin. Aber plötzlich stolperte Scheck über eine Baumwurzel. Es gab einen Ruck, ich glitt aus dem Sattel und blieb mit dem Fuß im rechten Steigbügel hängen, kopfunter.

Weit und breit niemand, der mir helfen konnte. Zum Glück verlangsamte Scheck seine Gangart und fiel in den Schritt. Mit größter Kraftanstrengung zog ich mich am Riemen des Steigbügels hoch, bekam den Sattel zu fassen und schwang mich darauf. Gerettet. Tief atmete ich durch. Langsam wendete ich mein Pferd und ritt nachdenklich nach Hause. Auf der Tenne nahm ich das Sattelzeug ab und führte Scheck in den Stall. Ich gab ihm Hafer zu fressen und Wasser zu trinken. Dann ging ich ins Haus. Zunächst erzählte ich niemandem von meinem Missgeschick, aber ich beschloss, nie mehr allein auszureiten. Bei späteren Ausritten begleitete mich ein Nachbarjunge.

Leider wechselte im Spätsommer Scheck den Besitzer. Für mich war der Traum vom Reiten zu Ende.

Sommer 1947 - Bei Köln durch den Rhein, einmal hin und zurück

In den großen Ferien im Sommer 1947 durfte ich mit zwei Freundinnen Helga und Martha zwei Wochen Urlaub machen in einem Forsthaus in Waldbroel. Der Förster war ein Bekannter meiner Mutter.

An einem sonnigen Tag fuhren meine Freundinnen und ich zum Rhein. Es war in der Gegend von Köln. Schwimmsachen hatten wir dabei. Meine Freundin Helga und ich waren gute Schwimmerinnen. Kurz und gut, an einem geeigneten Platz auf den Rheinwiesen zogen wir unsere Badeanzüge an und ab ging es die Böschung hinunter in den Rhein.

Zunächst hatten wir nicht vor, den ganzen Rhein zu durchqueren, aber das Schwimmen war so herrlich und das andere Ufer mühelos erreicht.

Und nun zurück. In der Mitte des Stromes entdeckten wir mit Schrecken einen großen Dampfer auf uns zukommen. Die Entfernung konnten wir nicht genau abschätzen. Aber wir bekamen es mit der Angst zu tun. Wir strengten uns an schneller zu schwimmen, um aus der Gefahrenzone herauszukommen. Es gelang uns rechtzeitig. Der Wellenschlag, den der Dampfer verursachte, war uns willkommen. Unbeschadet erreichten wir unser Ufer. Aber wo war unsere Kleidung? Wo war unsere Freundin, die am Ufer zurückgeblieben war?

Wir waren weit stromabwärts getrieben und mussten lange laufen, bis wir unsere Freundin und unsere abgelegten Kleider wiederfanden.

Zum Glück war alles gut gegangen, stellten wir erleichtert fest.

Im Forsthaus von Onkel Bernhard

Mein Onkel Bernhard Funke und seine Familie

Der älteste Bruder meiner Mutter war Förster. Er wohnte mit seiner Familie im Forsthaus Buchholz. Das war ein großes, altes, bruchsteinernes Haus am Rande von Neuenbeken. Zu seiner Familie gehörten Tante Tetta und die Kinder Gisela, Josefa (genannt Eva) und Helmut, alle älter als ich. Es waren immer viele Hunde im Haus. Onkel Bernhard war auch Hundezüchter.

Meine Cousine Gisela erzählte später in ihrem Erinnerungsbuch, die Zeit mit Ihren Eltern und Geschwistern im Forsthaus sei die schönste in ihrem Leben gewesen.

Als junges Mädchen war ich einmal in den Sommerferien 14 Tage zu Besuch im Forsthaus. Es war für mich eine interessante Zeit. Mein Onkel machte mit mir Wanderungen durch sein Jagdrevier. Es gibt zwischen Neuen- und Altenbeken herrliche weite Buchenwälder. Mein Vetter zeigte mir die reizvolle hügelige Landschaft am Rande des Teutoburger Waldes. Tante Tetta liebte es, Freundinnen zum Kaffee einzuladen. Ich durfte ihr dann assistieren.

Jedoch, kurz nach Ende des 2. Weltkrieges, im Juni 1945, wurde die Familie von einem erschütternden Unglück getroffen. Meine Cousine Eva war sehr sportlich und mutig. Sie kletterte gern. Kein Baum war ihr zu hoch. Beim Kirschenpflücken fiel sie aus dem Baum. Sie brach sich die Halswirbel und war seitdem gelähmt. Sie war erst 19 Jahre alt und wollte im Herbst mit einem Unistudium beginnen. Stattdessen war sie ans Bett gefesselt und hatte keine Aussicht auf Besserung. Es war eine unsagbar traurige Situation. Eva starb im Oktober an Typhus, als in Neuenbeken eine Typhusepidemie ausbrach. Gisela schrieb später in ihrem Buch „Eine Landärztin erzählt“: „Für mich ging eine Welt unter. Eva war meine Freundin, meine Schwester, mein alles.“ Auch ich habe Eva sehr bewundert und geliebt.

Gisela studierte Medizin. Sie wurde eine außerordentlich tüchtige und geschätzte Landärztin. Sie genoss großes Vertrauen in der Bevölkerung. Als in der damaligen Zeit der Papst schwer erkrankte und die behandelnden Ärzte ihm nicht helfen konnten, sagte ein Junge aus Neuenbeken zu seinen Eltern: „Haben sie denn Gisela Funke schon gefragt?“

Mein Onkel Bernhard fuhr mit der Familie so oft er konnte zu den Verwandten im Kreis Borken. Besonders gern besuchte er meine Mutter, seine Schwester Anna. Onkel Bernhard besaß schon früh ein Auto. Bequem war es allerdings nicht.

Mein Onkel ist nicht alt geworden. Er verunglückte mit dem Motorrad einige Jahre nach Kriegsende.

Mein Vetter studierte Forstwirtschaft. Tante Tetta, eine gelernte Hauswirtschafterin, hatte schon immer ein gastfreundliches Haus. In den Nachkriegsjahren bot sie vielen Menschen Asyl, die infolge von Flucht und Vertreibung keine Bleibe hatten.

Das sind alles meine Töchter

Wir Kinder waren alle sehr sportlich. Bei gutem Wetter machten wir auf der Hofwiese, die an die Bahn grenzte, Sport. Meine Schwester Paula, vier Jahre älter als ich, übernahm die Leitung. Wir „Kleinen", Klara, ich, Bernadette und Gerda übten mit ihr für die Jugendwettkämpfe, die jedes Jahr im Sommer in den Schulen stattfanden.

Auf dem Programm standen Weitsprung – eine Sprunggrube war vorhanden - Weitwurf und Wettrennen. Außer Gymnastik stand bei Paula Radschlagen hoch im Kurs. Sie konnte es 20- bis 30-mal hintereinander. Wir Jüngeren versuchten es ihr gleich zu tun. Einmal kam ein fremdes Ehepaar auf den Hof. Es fragte Mutter, ob wir eine Sportanlage hätten. Sie hätten vom Zugfenster aus mehrere Rad schlagende Mädchen gesehen.

Nicht ohne Stolz antwortete meine Mutter: „Das sind alles meine Töchter."

Mein Bruder Hubert

Hubert war sechs Jahre jünger als Bernard. Sein Interesse galt der Landwirtschaft. Er wurde 1938 zum Reichsarbeitsdienst eingezogen. Am 1. September 1939 begann der 2. Weltkrieg mit dem Einmarsch der deutschen Wehrmacht in Polen. Mein Bruder Hubert musste als Soldat an allen kriegerischen Auseinandersetzungen teilnehmen. Zuerst in Polen, es folgten die Kriege gegen Holland, Belgien und Frankreich. Dann kam er an die Ostfront. Nach einer schweren Verwundung in Russland, im Winter 1944, kam er nach Bad Kreuznach in ein Lazarett. Dort besuchten ihn meine Schwestern Franziska und Paula. Nach seiner vollständigen Genesung wurde er nach Süditalien beordert. Dort kam er im Herbst 1944 in Palermo auf Sizilien in amerikanische Gefangenschaft. Neun Monate hatten wir von ihm kein Lebenszeichen. Die erlösende Nachricht, dass er lebte, bekamen wir von ihm Sommer 1945 aus Ohio, USA, mit dem ungefähren Wortlaut: „Ich bin in amerikanischer Gefangenschaft. Es geht mir gut."

Nach weiteren zwei Jahren kamen die gefangenen Soldaten per Schiff nach Europa zurück. Als mein Bruder meinte, es geht nach Hause, wurden die Kriegsgefangenen aus seinem Lager nach England gebracht. Dort musste mein Bruder noch ein weiteres Jahr als Gefangener, prisoner of war, auf einer Farm arbeiten.

Wieder zu Hause auf dem Hof

Im Sommer 1948, nach zehnjähriger Abwesenheit von zu Hause, war er endlich wieder daheim, zumindest körperlich in guter Verfassung. Über die seelischen Verwundungen durch den Krieg hat er zu mir nie gesprochen. Er war froh, Krieg und Gefangenschaft überstanden zu haben, im Gegensatz zu seinem Bruder, der die Heimat nie wiedergesehen hat. Wir alle, Vater, Mutter und wir Schwestern, waren überglücklich, dass Hubert mit seiner ausgeglichenen heiteren Art wieder bei uns zu Hause auf dem Hof war.

Schülerin des Neusprachlichen Mädchengymnasiums der Ursulinen in Dorsten

Nach den Sommerferien 1948 wurde ich Fahrschülerin. Mein Schulweg dauerte nun gut drei Stunden länger, als ich die 10. Klasse des Dorstener Mädchengymnasiums besuchte. Fast alle Mädchen meiner Borkener Klasse hatten sich dort angemeldet. Es gab keine Oberschule für die Mädchen in Borken.

Meine neue Schule war eine Herausforderung für mich. Um 7 Uhr, nach 5 km mit dem Fahrrad, fuhr der Zug in Borken ab. Bis Dorsten dauerte die 28 km lange Fahrt etwa 4o Minuten. Im ersten Jahr mussten wir noch von Hervest-Dorsten nach Dorsten im Dauerlauf zurücklegen, um rechtzeitig zum Schulbeginn da zu sein. Grund: Die Kanalbrücke, durch den Krieg zerstört, war noch nicht wieder fertig.

War ich gegen 14.30 Uhr wieder zu Hause, hatte meine gute Mutter eine schmackhafte Mahlzeit für mich bereitet. Mein Lieblingsessen im Sommer waren frische Bratkartoffeln mit Blattsalat und Spiegelei. Der Unterricht in Dorsten war anspruchsvoll. Teils unterrichteten uns Ordensfrauen, teils weltliche Lehrerinnen. Wie in Borken hatten wir bis zum Abitur drei Fremdsprachen: Englisch, Latein und Französisch. Mit Mathematik hatte ich anfangs noch zu kämpfen.

Das kam so: Bei schwierigen Textaufgaben in den Mathe-Arbeiten konnte ich durchaus heimlich einen guten Schüler um Hilfe fragen. Mein Borkener Mathelehrer pflegte zu sagen: „Ihr könnt ruhig mogeln, aber lasst euch nicht erwischen.“ Dann nahm er uns das Heft ab und es setzte wegen versuchten Mogelns eine fünf. In Dorsten bei den Ursulinen war Mogeln eine Unehrlichkeit, eben eine Sünde.
Weil aber meine Mathematiklehrerin, Mater Bernhardin, so sympathisch war und so gut die Mathematik erklärte, beschloss ich, mich ausschließlich auf meine eigenen Fähigkeiten zu verlassen. Nach anfänglichen Schwierigkeiten und beständiger Arbeit wurde Mathematik fast mein Lieblingsfach.

Herausragend war der Religionsunterricht durch Herrn Rektor Münster. Er war der Geistliche des Klosters. Ungemein gebildet, vertraut mit moderner Literatur und Kunstgeschichte, gab er einen äußerst interessanten und ansprechenden Unterricht, wobei er immer heiter gestimmt war. Wir Schülerinnen bewunderten ihn.

Das Fahrschülerinnendasein hatte für mich auch Vorteile:
Ich konnte während der Bahnfahrt morgens die Hausarbeiten mit meinen Mitschülerinnen vergleichen und hin und wieder ergänzen, wenn etwas fehlte. Zu Hause auf unserem Hof war ich immer ganz allein auf mich gestellt und konnte niemanden um Hilfe fragen, wenn ich bei den Hausarbeiten mal nicht klar kam. Telefon gab es nicht bei uns. Also konnte ich nachmittags keine Mitschülerin fragen.

Von einem Klassenfest nach dem Einjährigen

In den Osterferien 1949 hatte die Parallelklasse vom Borkener Gymnasium uns Mädchen aus der gleichen Jahrgangsstufe zu einem Tanzfest nach Burlo eingeladen. In Borken trafen wir uns mit den Rädern und fuhren gemeinsam nach Burlo, etwa 6 km Wegstrecke.

Als die Musik spielte, kam ein Schüler aus der Parallelklasse auf mich zu und bat mich um einen Tanz. Wir tanzten, wir tanzten den ganzen Abend miteinander. Ich glaube, bei mir war es Liebe auf den ersten Blick. Zwischen uns beiden war es der Beginn einer tiefen Freundschaft und großen Liebe. Mein Freund und jetziger Ehemann sagte später, er hätte mich schon lange „im Auge gehabt“, noch bevor wir Mädchen die Schule wechseln mussten.

Auf dem Heimweg lud uns eine Mitschülerin zum Spiegeleieressen mit Weißbrot ein, mitten in der Nacht. So was kannte ich nicht. Es wurde spät. Mein Freund begleitete mich bis zu Hause. Dann musste er noch etwa 10 km durch das Waldgebiet am Lünsberg nach Heiden Leblich fahren.

Zur frühen Morgenstunde nach Hause zu kommen, war ganz ungewöhnlich. Ich hörte das Melkgeschirr klappern. Meine Schwestern machten sich auf zum Melken in der Weide. Die Kühe blieben nachts schon draußen. Unbemerkt schlüpfte ich in mein Bett. Leider konnte ich nur wenige Stunden schlafen. Vater brauchte meine Hilfe. Er musste Sommerweizen säen, und die Schwes-

tern hatten keine Zeit. Ich musste hinter der Sämaschine herlaufen und dafür sorgen, dass die Weizenkörner in geregeltem Abstand in die Ackerfurchen fielen. Manchmal verstopften sich die Röhren, dann musste ich sie lockern.
Als ich Vater morgens sagte, ich wäre sehr müde, weil ich nachts in Burlo gefeiert hätte, meinte er: „Es dauert nur zwei bis drei Stunden. Dann kannst du dich ausruhen“.

Ein Klassenausflug zu uns auf den Hof

Im Frühsommer 1949 machte meine Klasse mit der Klassenlehrerin Mater Maria Regina und unserer Oberin Mater Gregoria einen Tagesausflug zu uns nach Hause. Es war ein sonniger Tag. Ich holte die Klasse vom Borkener Bahnhof ab. Zu Fuß ging es die 6 km durch den Wald, vorbei am schattigen Quellgebiet im Homborn, zu uns auf den Hof.

Meine Mutter kümmerte sich um das Wohl der beiden Ordensschwestern. Meine Schwestern und ich machten den Tag für meine Mitschülerinnen so schön wie möglich. Mit großem Interesse erkundeten sie das weitläufige Hofgelände. Sie schaukelten im Buchenwäldchen, probierten die Wippe aus, nahmen im Kutschwagen Platz. Auch Ackergeräte Pflug, Egge, Sä- und Mähmaschine sowie Drescher interessierten sie. Sie durchstreiften Mutters Garten mit den alten Bauernblumen und den Gemüsebeeten, näherten sich vorsichtig dem Bienenhäuschen. Danach lockte ich sie über die Wiese zum Quellenbach. Schuhe und Strümpfe aus und schon wateten wir durch das klare, sehr kalte Quellwasser. Das tat gut.

Zurück auf den Hof. Das meiste Vieh war auf der Weide, weiter vom Hof entfernt. Auf der Hofwiese weideten unsere Ackerpferde Ella und Lotta. Meine Mitschülerinnen ließen nicht locker, bis ich mich auf eines unserer Pferde geschwungen hatte und ihnen ein paar Runden vortrabte. Alles in allem war es für meine Klasse und mich ein erlebnisreicher, schöner Tag. Am Spätnachmittag ging es auf die Heimreise. Zu Fuß zurück zum Bahnhof in Borken und dann 28 km per Bahn nach Dorsten. Mein täglicher Schulweg.

Ein unerwartetes Angebot

Am nächsten Morgen bat mich meine Klassenlehrerin Mater Maria Regina, ich möchte in der 10 Uhr-Pause bitte zu ihr auf den Flur kommen. Zunächst erzählte sie mir, wie gut es ihr und unserer Schwester Oberin auf unserem Hof und in meiner Familie gefallen hätte. Dann fragte sie mich unvermittelt: „Hildegard, ihr habt doch so viele Mädchen. Möchtest du nicht zu uns ins Kloster kommen?“

Mir blieb das Herz fast vor Schreck stehen. Ich liebte meine Freiheit über alles. Außerdem hatte ich in den Osterferien auf dem Klassenfest mit der Parallelklasse vom Borkener Gymnasium meinen Freund kennengelernt. Ich war sehr verliebt in ihn. Wie jetzt richtig reagieren?

Blitzschnell ging es mir durch den Kopf: Wenn ich jetzt die Wahrheit sage, schreibe ich sicher demnächst meine Aufsätze alle zwei Noten schlechter. Mit 17 einen Freund? Auf einer Schule im Nonnenkloster? Ich entschloss mich die Wahrheit zu sagen, komme was da wolle. Ich wollte zu meinem Freund stehen.

Ich sagte: „Mater Maria Regina, das geht nicht. Ich habe schon einen...." – bis heute mein Bester- und rannte die Wendeltreppe hinunter in den Klostergarten, der auch unser Pausenhof war.

Erzählt habe ich zunächst niemandem von unserem Gespräch. Und, das Schönste, an dem entspannten Verhältnis zwischen mir und meiner Klassenlehrerin hatte sich nichts geändert. Die Ursulinen waren weltoffen und tolerant.

Sommerferien 1949 - Mit dem Fahrrad durch das Sauerland

Eine kleine Gruppe Jungen und Mädchen vom Borkener Gymnasium, alle um die siebzehn, beschloss, eine dreiwöchige Radtour durchs Sauerland zu machen. Ich war mit dabei.

Mit leichtem Gepäck, wenig Geld, aber voller Abenteuerlust bestiegen wir in Borken einen Lastwagen, der uns bis an den Möhnesee brachte. Dort begann die Tour. Die Jungen hatten die Route festgelegt.

Am ersten Abend fanden wir keine Jugendherberge, aber einen Bauernhof. Dort durften wir im Stroh übernachten. Das fing ja gut an, dachten wir. Am Morgen wurden Brötchen eingekauft und in einer Molkerei einige Liter Milch. Wir setzten uns auf ein Mäuerchen an der Molkerei und frühstückten. Dann ging es auf die Räder, Körbecke, Belecke, Ziel Brilon. Dort gab es eine Jugendherberge, in der wir auch unterkamen. Man sagte uns aber, es gäbe keine freien Betten mehr, ob wir auch mit dem Boden vorlieb nehmen wollten. Wir sagten zu. Wir hatten keine andere Wahl. Auf dem Boden war unser Raum zum Schlafen so eng bemessen, dass wir beschlossen, entweder alle auf der linken oder der rechten Seite zu schlafen. Einer gab von Zeit zu Zeit das Kommando zum Seitenwechsel. Weil wir so müde waren von der Tagestour, konnten wir sogar schlafen. Zum Glück fanden wir später Jugendherbergen, in denen jeder ein Bett bekam.

Nach dem Frühstück am nächsten Morgen setzten wir unsere Fahrt fort. Jeder Tag in dieser abwechslungsreichen schönen Landschaft war ein Erlebnis, vorbei an Flüssen und Bächen in den Tälern, dann wieder aufsteigend in eine hügelige Berglandschaft mit Wäldern und Weideland.

Durchschnittlich fuhren wir am Tag 50 bis 60 km, und das mit Rädern ohne Gangschaltung. Mountain-Bikes hatten wir nicht, obwohl wir sie hätten gut gebrauchen können im Sauerland.

Unsere Fernziele waren Eder- und Sorpetalsperre, Siegen und Bonn. Aber bis Bonn war es weit hin, und es gab vorher noch viel zu erleben.

Hatten wir großen Hunger und kein Geschäft in der Nähe, machten unsere Jungen abseits der Straße ein Feuerchen und wir kochten Erbsensuppe aus Erbswurst und Wasser. Kochtöpfe und Essgeschirr hatten wir dabei. Wenn die Suppe auch nicht schmeckte, sie sättigte aber. Ich kannte die Erbswurst von der amerikanischen Besatzungsmacht nach dem 2. Weltkrieg. Ein Versorgungstross machte für einige Wochen bei uns auf dem Hof Station und baute eine große Feldküche auf. Die Köche ließen uns Kinder von der Erbswurstsuppe probieren. Die Suppe war wirklich kein Genuss.

Eine Radpanne kam auch hin und wieder vor. Aber unsere Jungen waren gut im Reparieren von geplatzten Fahrradschläuchen.

Einmal machten wir Halt bei einem Verwandten aus unserer Gruppe. Dieser hatte einen großen Obstgarten mit reifen Birnen. Sie lachten uns an. Obst konnten wir uns nicht leisten. Nach einer Gruppenberatung sollte ich in den Garten gehen und ein paar goldgelbe Birnen pflücken. Sie hingen tief, zum Greifen nahe. Soeben wollte ich eine Birne pflücken, da stand jemand neben mir, sicherlich der Besitzer des Gartens. Ich konnte kein Wort der Erklärung herausbringen, so schämte ich mich. Später dachte ich, der Besitzer des Gartens hätte uns gut und gerne einige Birnen schenken können. Tat es aber nicht. Die anderen Jungen und Mädchen warteten auf mich am Gartentor. Wir fuhren ohne Birnen weiter.

In der Regel übernachteten wir in einer Jugendherberge, aber eines Abends kam es anders. Drohende Gewitterwolken zogen herauf. Die nächste Jugendherberge war noch weit weg. Viel Zeit hatten wir nicht, um dem Gewitter zu entkommen. Da entdeckten wir in der Nähe ein Bahnwärterhäuschen. Die Tür war verschlossen. Unsere Jungen mussten etwas „nachhelfen", um uns Eintritt zu verschaffen. Wir waren gerade drin, da prasselte es vom Himmel herab. Es blitzte und donnerte unentwegt. Das Gewitter ging über in einen starken Landregen. An Weiterfahren war nicht zu denken. So gut es ging, verbrachten wir die Nacht in unserer engen, unbequemen Unterkunft.

Früh am Morgen brachen wir wieder auf. Unser Tagesziel war Siegen. Es hatte aufgehört zu regnen. Die Luft war klar und die Bewegung auf dem Rad tat uns gut. Wir alle hatten das Gefühl, uns möglichst schnell von unserer unerlaubten und dazu noch höchst unbequemen Schlafstatt entfernen zu müssen.

Von Siegen aus fuhren wir nach Bonn. Dort wurden wir im Haus des früheren Landrates aus Borken herzlich empfangen. Duschen, warmes Essen, liebevolle Gastfreundschaft, wir kamen uns vor wie im Himmel. Die Töchter des Landrats waren befreundet mit einigen aus unserer Gruppe. Für die Nacht bekamen wir alle ein weiches Bett, teils in einem anderen Haus. Das war unvorstellbar schön.

Am nächsten Morgen nach dem Frühstück bedankten wir uns herzlich bei unseren großzügigen Gastgebern und fuhren auf einem Lastwagen nach Borken zurück. Heil und gesund kamen wir dort nach unserer dreiwöchigen Sauerlandtour an. Ich verabschiedete mich von der Gruppe, stieg auf meine Silberhuppel und fuhr frohgemut nach Hause.

Ich freute mich auf meine Eltern und Geschwister und auf mein kuscheliges Bett.

Das herausragende Ereignis meiner Dorstener Schulzeit, Romfahrt 1950

Es war ein Privileg. Ich durfte in den Sommerferien 1950, im sogenannten Heiligen Jahr, mit einer Gruppe von etwa 40 Oberstufenschülerinnen vom Mädchengymnasium St. Ursula in Dorsten eine Italienreise machen. Geplant war eine Woche Aufenthalt in Rom bei einer Reisedauer von drei Wochen. Wir fuhren mit einem Bus.
Organisator und Reiseleiter war unser beliebter hochgeschätzter Religionslehrer Rektor Münster, ein ausgezeichneter Kunstkenner.

Abfahrt: Ursulinenkloster Dorsten.
In Speyer und Worms besichtigten wir die Dome. Die erste Übernachtung fand in Luzern statt. In der Nacht entlud sich ein schweres Gewitter. Noch nie hatte ich ein solch lautes Donnern gehört. Ich dachte, die Welt geht unter.

Am nächsten Tag fuhren wir über den St. Gotthard (2108 m Höhe) nach Italien. Einen Tunnel unterm St. Gotthard her gab es damals noch nicht. Der Bus wand sich über schmale enge Serpentinen zum Pass hoch, hohe schroffe Felswände zur einen Seite und auf der anderen Seite steil abfallendes Gelände. Manchmal wagten wir einen Blick nach unten, schauerlich. Hatten wir dann auch noch Gegenverkehr, rechneten wir mit dem Schlimmsten. Aber unser erfahrener nervenstarker Busfahrer brachte uns sicher nach Oberitalien.

In Oberitalien begriffen wir, warum Italien ein solch begehrtes Reiseziel der Deutschen ist. Das wohltuende warme Klima, der blaue Himmel, am Straßenrand Kakteen so hoch wie kleine Bäume, die Blumen mit einer solch intensiven Leuchtkraft, wie wir sie von zu Hause nicht kannten.

Unser erstes Städteziel war Mailand. Wir bestaunten den gewaltigen Dom.

Von da aus ging es nach Genua. Dort erfuhr ich mit einigen Freundinnen, wie tückisch das Baden im Mittelmeer sein kann. Wir durften an den Strand von Genua. Ein erfrischendes Bad wird uns gut tun, dachten wir. Aber wir kannten nicht die Kraft der Wellen im Meer. Wir wurden ein Spielball der Wellen, mehr unter Wasser als über dem Wasser und waren sehr froh, als die Wellen uns mit leichten Blessuren an den steinigen Strand zurückgeworfen hatten. Es war ein etwas fragwürdiges Badevergnügen.

Drei Jahre später, als ich mich besser auskannte, habe ich mit großem Vergnügen auf Norderney im Meer gebadet, auch bei lebhaftem Wellengang.

Der nächste Tag brachte uns nach Pisa. Dort sahen wir uns die romanische Basilika an und bewunderten den Schiefen Turm von Pisa. Er hängt sechs Meter über, und wir fragten uns, wie lange er sich noch halten könnte.

Nach dem Abendessen in der Jugendherberge saßen wir lange draußen in der lauen Sommernacht. Rektor Münster hatte eine junge italienische Sängerin engagiert, die wunderschön sang. Die Nacht in der Jugendherberge haben viele unserer Mädchen nicht in guter Erinnerung behalten. Sie machten unliebsame Bekanntschaft mit Flöhen.

Unser nächstes Ziel war Rom, die Stadt auf den sieben Hügeln, die Ewige Stadt. Gegen Abend kamen wir an. Unser Rektor Münster rief in den Bus hinein: „Erste Garnitur.“ Das bedeutete, er zog sein bestes Jackett an, um bei der Quartiersuche für seine 40 Mädchen den allerbesten Eindruck bei der Schwester Oberin des Klosters zu machen, die uns für eine Woche beherbergen sollte. Abends bekamen wir ein warmes Essen. Morgens gab es Brot, Aufstrich und Marmelade, dazu Zichorienkaffee, der uns nicht schmeckte. Das Essen war uns während der Fahrt nicht so wichtig. Wir hatten keine prallgefüllte Reisekasse. Wir wollten was erleben in dieser Woche, Rom.

Zunächst erkundeten wir das antike Rom. Das Forum Romanum war unser erstes Ziel, vom Geschichts- und Lateinunterricht her bekannt. Es war der Markt- und Gerichtsplatz der alten Römer.

Dann gingen wir zum Kolosseum. Es ist ein riesengroßes Amphitheater, ein offener Großbau mit Platz für 50 000 Zuschauer. Im Kolosseum fanden einst Tier- und Gladiatorenkämpfe statt. In den ersten Jahrhunderten, der Zeit der Christenverfolgung, war es Martyriumsstätte für viele Christen. Auch das Pantheon bestaunten wir. Es ist ein Rundtempel, der allen Göttern geweiht ist. Die Römer wollten es mit keinem ihrer Götter verderben. Faszinierend die Kuppel dieses Tempels, 43 m in der Höhe, 43 m im Durchmesser. Oben befindet sich eine offene Rundung.

Um einen Eindruck zu bekommen, wie die vornehmen Herrschaften damals wohnten, besuchten wir die Villa d'Este mit den schönen Gärten.

In den nächsten Tagen stand das christliche Rom auf dem Programm. Wegen des Heiligen Jahres 1950 waren besonders viele Pilger in Rom.

Zunächst nahmen wir an einer Audienz auf dem Petersplatz teil.
Der weite Platz vor dem Petersdom mit den hochragenden Obelisken und den schönen Kolonnaden an beiden Seiten beeindruckte uns sehr. Trotz seiner Größe konnte der Platz die Menschenmenge kaum fassen.

Im Anschluss an die Audienz des Papstes nahmen wir im Dom an einem Gottesdienst teil. Ohne Kopfbedeckung durften wir den Dom nicht betreten. Die hl. Messe wurde in lateinischer Sprache gefeiert, für uns nicht ungewohnt. Wir kannten als Schülerinnen des Ursulinenklosters alle den Schott, das Römische Messbuch in lateinischer und deutscher Sprache. Im Dom trafen wir auf betende Menschen aus fast allen Nationen der Erde. Beeindruckend.

Ein absoluter Höhepunkt war für mich die Begegnung mit der Pieta von Michelangelo. Er hat sie 23 jährig, um 1498, geschaffen. Sie besteht aus weißem Marmor und ist fast 1,80 m hoch.

Lutz Heusinger sagt in seinem Buch „Michelangelo. Alle Werke.“, dass bis Ende des 15. Jahrhunderts vor allem nördlich der Alpen die Pieta mit dem Ausdruck des Schmerzes dargestellt wurde.

„Demgegenüber“, ich zitiere von Seite 8 und 9, „gibt der 23-jährige ein bis dahin nie gesehenes Bild von der Gottesmutter mit ihrem toten Sohn. Sie hat ein zeitlos jugendliches Gesicht und neigt ihr Haupt nur leicht über den Sohn, dessen toter Leib in ihrem Schoß gebettet liegt.“ Vasati, ein Zeitgenosse, spricht von der „göttlichen Schönheit“ dieses Werkes. Und weiter heißt es in dem angeführten Text: „Nicht mehr der Schmerz als Voraussetzung der Erlösung, sondern die Schönheit als ihr Ergebnis tritt uns entgegen.“

Die Besichtigung der Sixtinischen Kapelle, in der bis heute die Papstwahl stattfindet, war für den nächsten Tag vorgesehen. Die Decke und die Stirnwand hat Michelangelo mit unzähligen Fresken bemalt. Für mich waren die Gestalten der Propheten und Sibyllen besonders eindrucksvoll, und, wie Gott Vater den Adam zum Leben erweckt. Ich zitiere hier noch einmal aus dem angeführten Buch von Lutz Heusinger: „Nicht die Erschaffung des Menschen, sondern seine Beseelung, seine Sehnsucht nach dem Göttlichen und ihre Befriedigung hat Michelangelo uns hier gezeigt.“

Michelangelo war nicht nur Bildhauer und Maler, sondern auch Architekt und Dichter. Die Kuppel der Peterskirche hat er auch entworfen. In San Pietro in Vincoli haben wir seine monumentale Plastik des Moses kennengelernt.

Ein weiterer Höhepunkt war die Besichtigung der Kalixtuskatakombe. Die Katakomben waren Begräbnisanlagen. In den Wänden befanden sich nischenartige Gräber. Die Katakomben waren viele Meter lange Gänge unter der Erde mit Verzweigungen. In den ersten Jahrhunderten n.Chr., zur Zeit der Christenverfolgungen, dienten sie als Zufluchtsstätten. Die Christen feierten dort ihre Gottesdienste. Es gab auch Kapellen mit Taufbrunnen. An den Wänden sah man noch Fresken mit christlichen Symbolen, Fische, Brot, das Christusmonogramm.

Von Rom aus ging es weiter südlich nach Neapel. Zunächst besichtigten wir Pompeji, die antike Stadt, die infolge eines Vesuvausbruches 79 n.Chr. verschüttet wurde. Die Bewohner, etwa 20 000, wurden im Schlaf überrascht, und nur wenige konnten sich retten.

Neapel war eine bunte Stadt. Das Leben spielte sich bis tief in die Nacht auf engen Straßen und Gassen ab. Die Wäsche trocknete man auf Leinen, die von einem Stockwerk zum anderen quer über die Gassen gespannt waren.

Manche Mädchen stiegen auf den Vesuv bis zum Krater hoch. Ich habe mit Freundinnen nach Erkundung der Altstadt einen entspannten Spaziergang unter Palmen am Meer gemacht.

Auf dem Rückweg machten wir Halt in Ravenna. Dort bewunderten wir die schönste altrömische Basilika, S. Apollinore in Classe.

Unser nächstes Ziel war Florenz mit den Uffizien, die berühmte Kunstsammlung mit Gemälden, Grafiken und Skulpturen. Dort ist auch die kraftvolle Marmorskulptur des jungen David zu sehen, ebenfalls von Michelangelo.

Ein weiteres Ziel unserer Reise war Venedig, die weiße Stadt im Meer, auf Pfählen erbaut, durchzogen von vielen Kanälen und erbaut auf mehr als hundert Inselchen, die durch Brücken miteinander verbunden sind. Zunächst machten wir Halt auf dem weiten Platz von San Marco. Leider konnten wir den Dom von innen nicht besichtigen, aber bestaunen konnten wir die wunderschönen alten Renaissance-Paläste, die den Platz umstehen.

Cafés gab es auch viele auf dem Platz von San Marco, aber für unsere Verhältnisse zu teuer.

Mit zwei Mädchen aus unserer Gruppe machte ich eine Gondelfahrt auf dem Canal Grande. Uns zu Liebe sang der Gondoliere ein romantisches Gondellied.

Am nächsten Tag verließen wir italienischen Boden und fuhren über den Brenner, nur 1375 m hoch, nach Innsbruck. Zu unser aller Erleichterung ein Kinderspiel, der St. Gotthard hatte uns allen doch sehr zugesetzt.

In Innsbruck wurden wir in einem Kloster sehr freundlich aufgenommen. Wir bekamen eine schmackhafte Mahlzeit, heiße Kartoffelknödel mit einer warmen Blaubeersauce. Sehr köstlich. Nach einem reichhaltigen Frühstück am nächsten Morgen – welch ein Glück für uns alle, denn unsere Reisekasse war leer – ging es über München zurück nach Dorsten.

Alle kamen wohlbehalten in Dorsten an, voll der schönsten und interessantesten Reiseerlebnisse. Auf der letzten Strecke mit dem Zug von Borken nach Ramsdorf, wo am Bahnhof meine „Silberhuppel“ stand, kam ich an unserem Hof vorbei. Ich stand am geöffneten Fenster. Auf der Kuhweide entdeckte ich meine Schwestern beim Melken. Heimat: Zu Hause angekommen nach einer solch weiten Reise.

Ich war überglücklich.

Tisa von der Schulenburg als Schwester Paula bei den Ursulinen in Dorsten

Während meiner Schulzeit in Dorsten begegneten wir manchmal Tisa von der Schulenburg. Nach einer bewegten Vergangenheit war sie zum katholischen Glauben konvertiert und als Schwester Paula bei den Ursulinen in Dorsten eingetreten. Dort arbeitete sie viele Jahre vorwiegend als Bildhauerin. Ihre bewegenden Skulpturen konnte man in vielen Ausstellungen bewundern, auch in Münster.

Tisa von der Schulenburg war die Schwester von Fritz, Graf von der Schulenburg. Er war Mitglied der Widerstandsbewegung, die am 20. Juli 1944 durch das Attentat auf Hitler versuchte, das nationalsozialistische Regime zu beseitigen. Die Widerstandsbewegung wollte der Schreckensherrschaft ein Ende setzen, um noch größeres Unheil im 2. Weltkrieg zu verhindern. Das Attentat schlug fehl. Alle Mitglieder des Widerstandes wurden hingerichtet.

Ende der Schulzeit in Dorsten

Im Frühjahr 1952 schloss ich mit nur zwei meiner ehemaligen Mitschülerinnen aus Borken in Dorsten meine Schulausbildung mit dem Abitur ab. Mit der Interpretation einer Ballade von Annette von Droste-Hülshoff, meiner Lieblingsschriftstellerin, verschaffte ich mir in der mündlichen Abi Prüfung einen gelungenen Abgang. Ich war der letzte Prüfling. Schule war geschafft. Glücklich! Ziemlich spät kam ich nach Hause.

Vom Glück der Freiheit, auf der eigenen Scholle leben zu dürfen

Unsere Ernährung

Wir lebten von dem, was der Hof uns gab, bis auf wenige Ausnahmen.

Im Garten ernteten wir frisches Gemüse und Beeren, auf den Feldern wuchsen Kartoffeln und Brotgetreide, unsere Kühe gaben uns Milch, Butter und Käse, die Schweine das Fleisch und die braven Hühner legten fast jeden Tag ein Ei.

Im Sommer und Herbst, wenn es mehr Gemüse und Obst gab als täglich verbraucht wurde, stand die Vorratswirtschaft an. Der Winter war lang, und täglich mussten 10 bis 12 Personen beköstigt werden. Obst und Gemüse wurden in Zweilitergläser gefüllt und zugekocht. Gurken und Zwiebeln legte man zum Haltbarmachen in eine Essiglösung. Bohnen und Erbsen wurden getrocknet, ebenfalls Birnen nach dem Brotbacken im Steinofenbackofen. Aus den roten Johannisbeeren zauberte Mutter den herrlichsten Gelee, rubinrot sah er aus. Leider reichte der Vorrat nicht einmal bis Weihnachten, bei der großen Familie. Dann gab es Rübenkraut.

Im Herbst kam eine Frau aus Ramsdorf und schabte mehrere Stunden Weißkohl, der zu Sauerkraut verarbeitet wurde. Eine angenehme Bereicherung waren unsere

Esskastanien und die Walnüsse. Für Möhren und Rotkohl gab es eine Miete im Buchenwäldchen am Hof.

In der Woche stand Durchgemüse auf dem Speiseplan. Sonntags gab es immer Kartoffeln mit Braten und Soße, dazu im Sommer frischen Blattsalat und in der übrigen Zeit ein Gemüse. Als Nachtisch bekamen wir Vanillepudding oder ein Schälchen mit eingekochten Birnen oder Pflaumen. Alles in allem: Was Mutter kochte, schmeckte.

Einige Lebensmittel, die unser Hof nicht hergab, wurden zugekauft. Mutter fuhr sonntags immer mit dem Fahrrad zur Frühmesse, und danach kaufte sie bei einer Schwägerin in Ramsdorf unter anderem die sogenannten „Kolonialwaren“ ein: Zucker, Milchreis, Bohnenkaffee, Karnel (Zimt), Senf und Maggi, und, nicht zu vergessen ein kleines Tütchen mit süßen Bonbons für uns Kinder. Schokolade haben wir als Kinder nicht gekannt.

Bauernstuten und Schwarzbrot

Mutter konnte gut Brot backen. Ihr Bauernstuten war sehr begehrt. Das Hefebrot bestand zum großen Teil aus Weizenmehl, aus eigenem Anbau.

Mutter buk jede Woche 10 bis 12 Brote. Ich sehe sie heute noch, wie sie vor der Brotwanne kniete, mit hochgekrempelten Ärmeln, und den Teig knetete. Während der Hefeteig aufging, wurde der Steinofen in der Backstube mit Buschen beheizt.

Vor dem Backen musste die glühende Holzkohle mit einer Harke herausgeholt werden und der Steinboden wurde mit einem feuchten Tuch gereinigt. Auf dem Tisch in der Backstube formte Mutter 10 bis 12 große ovale Brotlaibe und schnitt die Oberfläche der Länge nach mit einem Brotmesser ein. Dann schob sie behutsam nach und nach jedes Brot mit einem langen Holzspachtel in den heißen Ofen. Etwa nach einer guten Stunde kündete ein wunderbarer Duft an, dass die Brote fertig gebacken waren. Manchmal, im Sommer und Herbst, gab es für uns Kinder noch ein Apfelstütchen. Dazu wurde ein ganzer Apfel mit dünnem Brotteig ummantelt. Es schmeckte unvergleichlich köstlich.

Mutter hielt es für das Gesündeste, wenn auf jede Schnitte Weißbrot eine Scheibe Schwarzbrot gelegt wurde. Für die Schwarzbrote brachte unser Vater jeweils einen Sack voll Roggenschrot zu unserem Bäcker nach Ramsdorf.

Dort konnten wir je nach Bedarf die langen 3- bis 4-Pfund schweren Schwarzbrote abholen.

Im Zusammenhang mit unserer Brotkultur möchte ich noch an einen Brauch erinnern.
Bevor Mutter ein selbstgebackenes Brot anschnitt, eine Brotmaschine hatten wir nicht, zeichnete sie auf die Rückseite des Brotes mit dem Brotmesser ein kleines Kreuz. Dabei sagte sie nichts, dachte gewiss, das Brot möge gesegnet sein und alle, die es essen.

Unsere Kleidung

Die Garderobe für uns Kinder bestand zum großen Teil aus Selbstgenähtem und Selbstgestricktem. Meine großen Schwestern waren sehr geschickt im Handarbeiten und Schneidern. Wir hatten aber auch Schneiderinnen, die je nach Bedarf zwei- bis dreimal im Jahr zu uns auf den Hof kamen und für uns nähten. Ich fand, Mutter sorgte dafür, dass wir Kinder alle immer gut angezogen waren. Als Schulkinder mussten wir übrigens nach der Schule Werktagskleidung anziehen.

Für die kalte Jahreszeit kaufte Mutter lange Wollstrümpfe, warme Unterkleidung und Lodenmäntel. In der kalten Jahreszeit benötigten wir dringend warme Kleidung. Bei uns zu Hause waren nur Küche und Wohnzimmer beheizt. Im Winter zierten Eisblumen unsere Schlafzimmerfenster. Nicht selten war der obere Teil unserer Zudecke, der vom Atem etwas feucht geworden war, hart gefroren.

Im Rhythmus der Jahreszeiten

Besonders freudig begrüßt wurde der Frühling. Beim ersten Kuckucksruf durften wir Kinder bei gutem Wetter tagsüber einige Stunden draußen barfuß laufen. Die langen Strümpfe, oft kratzig, mit dem Leibchen und langen Strumpfbändern, hatten für eine Weile ausgedient. Stattdessen durften wir Söckchen oder Kniestrümpfe anziehen und Kleider mit kurzen Ärmeln.

Auf dem Hof war reges Treiben. Die Kühe Alma, Berta, Ida, Rosa und wie sie alle hießen, kamen bis zum Herbst auf die Weide. Papa sang uns Kindern oft ein Liedchen vor:

Do de Kühe ut,	Tu die Kühe raus,
do de Kühe ut,	Tu die Kühe raus,
de Mey kümp int Land.	Der Mai kommt ins Land.
Gäle Botterblomen,	Gelbe Butterblumen,
Gäle Botterblomen,	Gelbe Butterblumen,
de bleuit up Seeland.	Die blühen auf Seeland

Die Kühe wurden morgens und abends auf der Weide gemolken. Kühe, die frisch gekalbt hatten, auch noch mittags.

Die Ställe wurden geschrubbt und die Wände weiß gekälkt. Das und vieles mehr bewerkstelligten alles meine großen Geschwister.

Der große Hausputz stand an. Alle Räume wurden gründlichst gereinigt, die Fenster geputzt, Gardinen gewaschen. Die Federbetten kamen an die frische Luft. Die Blumenkästen vor den Fenstern im 1. Stock bekamen frische Baumerde, und bald blühten rote Geranien, helle Begonien und blaues Männertreu darin. Den ganzen Sommer hindurch pflegte Mutter ihre Blumen sehr sorgfältig und erfreute sich an ihnen.

Die Gartenarbeit im Frühjahr

Mutter bestellte mit Hilfe meiner großen Schwestern den Garten. Zunächst wurde die Erde gedüngt und umgegraben. Dann mussten die Beete angelegt werden. In einer Samenhandlung kaufte Mutter alle Sämereien, kleine Tütchen mit Samen für Spinat und Melle, Möhren, Zwiebeln, Kopfsalat und Endiviensalat so wie Küchenkräuter. Außerdem besorgte sie noch das Pflanzgut für die Erbsen-, Bohnen- und Gurkenbeete.

Alle diese Sämereien wurden bei passender Witterung und zur passenden Zeit in die Erde gebracht.

Die mehrjährigen Rhabarberstauden, die Johannis- und Stachelbeersträucher bekamen ihren Dünger, sowie Mutters Blumenpflanzen, die Gartenhortensien, Pfingstrosen, Margeriten, das Tränende Herz und die Sieben-Stundenblumen, um nur einige zu nennen.

Alles Gemüse, was bei uns auf den Tisch kam, stammte aus Mutters Garten und war immer frisch und gesund.

Die Feldarbeit im Frühjahr

Das Frühjahr brachte auf unserem Bauernhof viel Arbeit mit sich. Die meiste Arbeit geschah von Hand. Die Felder mussten vorbereitet werden für die Saat. Der im Winter sorgfältig aufgestapelte Kuhdung (Stallmist) wurde auf die Felder gefahren, auseinander gestreut und untergepflügt.
Einen Traktor oder einen Miststreuer hatten wir in den 30er und 40er Jahren noch nicht. Vater spannte eines unserer Pferde vor den Pflug, und dann pflügte er Furche für Furche den Acker.

Nach intensiver Aufbereitung des Ackerlandes konnten Sommergerste und Sommerweizen gesät werden. Das geschah mit einer Sämaschine.

Sobald die Frühlingssonne den Boden gewärmt hatte, begann das Kartoffelpflanzen. Meine älteren Schwestern banden sich große Sackschürzen um, füllten sie mit Saatkartoffeln und warfen sie einzeln im Abstand von ca. 40 cm in die frischen Ackerfurchen. Danach wurden die Kartoffeln mit einem leichten Pflug locker mit Erde bedeckt. Zeitgleich kam auch die Runkelrübensaat in die Erde.

Ich beschreibe deshalb die Arbeit bei der Frühjahrsbestellung so detailliert, weil sie aufzeigt, welch ungeheure Energie und Tatkraft meine Familie aufbringen musste, um unseren Hof so erfolgreich zu bewirtschaften. Ich bewundere sie noch immer.

Die weitere Arbeit im Laufe des Jahres auf den Wiesen und Feldern

War die Frühjahrsbestellung zu Ende, ging es an die Unkrautbeseitigung auf den Kartoffel- und Rübenfeldern. Ein Unkrautvernichtungsmittel gab es bei uns auf dem Hof in den 40er und 50er Jahren nicht. Bei gutem Wetter brachten Vater, meine großen Schwestern und, nach Heimkehr von Krieg und Gefangenschaft, auch mein Bruder Hubert viele Nachmittage mit Unkrauthacken zu. Heut würden wir sagen, wir hatten einen Biohof.

Heuernte

Mai, Juni stand die Heuernte an. Gemäht wurde das Gras mit einer Mähmaschine und nach Trocknung zu großen Schwaden zusammen gerecht. Das geschah maschinell.

Ab da war die gesamte Heuernte schwere körperliche Arbeit. Das gehäufelte trockene Heu wurde mit einer langen Heugabel auf den Heuwagen gesteckt und dort von meinen Schwestern zu einem hohen Fuder gepackt und zu Hause auf dem Heuboden verstaut. Alles von Hand.

Ich erinnere mich gern an die Zeit der Heuernte, als ich noch zur Schule ging. Zur Mittagszeit streifte ich über den Hof. Überall duftete es nach frischem Heu. Oft stand ein großes Fuder auf der Tenne unter dem Heuboden. Wenn sich die Familie nach dem Mittagessen zur Mittagsruhe zurückgezogen hatte, kletterte ich manchmal mit Hilfe des Seils, das über das Fuder gespannt war, hoch auf den Heuwagen und kuschelte mich ins frische Heu. Zum Glück plagte mich kein Heuschnupfen.

Frühkartoffelernte

Um Peter und Paul, am 29. Juni, hieß es bei uns zu Hause, die Frühkartoffeln sind reif. Weil es zu der Zeit keine Schulferien gab, musste ich nicht viel helfen bei der Ernte. Mutter freute sich, wenn sie das frische Gemüse aus dem Garten mit frischen Kartoffeln zubereiten konnte. Die Kartoffeln wurden nach dem Aufsammeln in Ein-Zentner Säcke gefüllt. Abnehmer war die Bäuerliche Bezugs- und Absatzgenossenschaft im Ramsdorf. Die Frühkartoffelernte war zur Freude aller sehr ergiebig. Der Erlös reichte oft für eine komplette Aussteuer, die meine Schwestern bei ihrer Heirat bekamen.

Getreideernte

Ende Juni. Die Gerste färbte sich goldgelb. Zeit zur Ernte.

Die Hauptgetreideernte von Weizen, Roggen und Hafer fand im Juli, August statt, wenn ich Schulferien hatte. Diese Zeit ist mir stark im Gedächtnis geblieben. Je nach Wetterlage dauerte die Ernte drei bis vier Wochen. Meine Aufgabe war es, die beiden Pferde Ella und Lotte zu lenken. Sie zogen die Mähmaschine. Ich saß auf dem Sitz in der Mitte und Vater auf dem Seitensitz. Von dort aus legte er mit einem langen Stab das gemähte Getreide auf den Mähbalken ab und ließ es aufs Feld gleiten, wenn es für eine Garbe reichte. Meine Schwestern banden mit ein paar Getreidehalmen das lose Getreide zu Garben. Bindegarn gab es nicht. War das Feld gemäht, stellten sie die Garben zum Trocknen in Husseln auf.

Die Erntewagen kamen zum Einsatz. Meistens waren zwei Erntewagen im Einsatz, gezogen von unseren erfahrenen Pferden. Garbe für Garbe wurde mit der Kraft der Hände und Arme mit einer langen Heugabel auf den Wagen gesteckt. Dort nahmen immer zwei meiner Schwestern die Garben einzeln an und packten sachkundig ein stattliches Fuder.

Nun könnte man meinen, es wäre Feierabend angesagt. Noch nicht. Die Kühe mussten noch gemolken und das Melkgeschirr gereinigt werden. Die in 20-Liter-Kannen gefüllte Frischmilch kam zur Kühlung in das mit Quellwasser gefüllte Becken hinterm Hof.

Die Pferde bekamen gutes Futter und ihre verdiente Ruhe. Mutter hatte für alle Erntehelfer ein wohlschmeckendes Mahl zubereitet. Und gut schlafen konnten wir nach so viel Arbeit auch.

Noch aber war die Getreideernte nicht beendet.

Schwere Arbeit stand noch bevor. Das Getreide musste trocken unter Dach und Fach. In der Scheune wurde das Getreide zu einem großen „Kidden“ aufgeschichtet. Er reichte oft bis unters Dach.

Kartoffelernte im Herbst

Mein Vater baute viele Kartoffeln an.

In den Herbstferien musste ich während meiner Gymnasialzeit regelmäßig bei der Ernte helfen. Mutter bestand darauf.

Vormittags wurden die Kartoffeln ausgerodet und in lange Bahnen zusammengeharkt. Nachmittags sammelten bis zu zehn Personen, es waren auch Schulmädchen aus den Oberklassen dabei, die Kartoffeln auf.

Wir banden uns feste Schürzen um, und dann rutschten wir auf den Knien übers Feld. Die Kartoffeln wurden sofort aussortiert nach Einkellerungskartoffeln und Futterkartoffeln fürs Vieh.

Vater schüttete die vollen Körbe auf die Sturzkarre und fuhr sie in die Scheune auf den Hof.

Nachmittags gegen vier Uhr brachte uns jemand leckere Brote und schwarzen Malzkaffee aufs Feld.

Nun hatte ich ein Problem. Mit Sandhänden konnte ich mein Brot nicht anfassen. Deshalb nahm ich ein Eimerchen mit Wasser mit aufs Feld und wusch mir die Hände, sehr zur Belustigung meiner Schwestern. Dann setzte ich mich zu ihnen an den Ackerrain und ließ es mir schmecken. Es war immer ein vergnügliches Schmausen.

Abends gab es für alle eine zweite warme Mahlzeit: Frische Salzkartoffeln mit schmackhafter Sauce, dazu Blattsalat im Sahnedressing. Zehn bis zwölf Personen saßen dann am langen gedeckten Wohnzimmertisch. Und dass es allen gut schmeckte, dafür sorgte meine liebe tüchtige Mutter immer.

Die Feldarbeit geht zu Ende

Die letzte gemeinsame Aktion war die Runkelrübenernte. Jede Rübe musste einzeln aus der Erde gezogen werden, Blätter und Strunk wurden mit dem Spaten abgestoßen.

Ich durfte die vollen Sturzkarren zum Hof fahren, wo Vater die Rüben in einer langen Miete im Wäldchen winterfest lagerte. Er deckte sie mit Erde und viel Laub zu.

Die Rüben waren neben den Stoppelrüben ein wichtiges Frischfutter für die Kühe. Die Stoppelrüben mussten wir Mädchen nachmittags pflücken. Das ging nur so lange, wie der Boden nicht gefroren war, meistens bis Weihnachten. Weil mir beim Stoppelrübenpflücken immer die Hände durchfroren, sehnte ich den Frost herbei.

Da Äpfel schon sehr knapp waren, aßen wir Kinder gern kleine geschälte Stoppelrüben, obwohl sie einen sehr intensiven Geschmack hatten. Sogar die Frischmilch schmeckte nach Stoppelrüben. Im Vergleich dazu war die frische Kuhmilch im Frühjahr ein Genuss, wenn die Kühe frisches Gras fressen durften. Und die selbst gemachte Maibutter, aromatisch und sehr köstlich. Wir butterten aber leider nicht regelmäßig selbst.

Dreschtage

Im Winter war Zeit fürs Dreschen. Einige Nachbarn halfen dabei. Wir hatten einen eigenen Drescher. Vater stand oben auf der Dreschmaschine und legte eine Garbe nach der anderen hinein. Es war eine staubige und eintönige Arbeit. Dazu war es noch laut.

Ich selbst hielt mich als junges Mädchen, sofern ich nicht in der Schule war, an den Dreschtagen fern von dem Geschehen, denn ich hatte einen Höllenrespekt vor den vielen grauen Mäuschen, die beim Dreschen auf den Hof rannten und das Weite suchten.

An Dreschtagen kochte Mutter besonders kräftiges Essen. Mittags gab es Erbsensuppe mit Mettwurst und Speck, nachmittags Schinken und Wurstbrot.

Wer mochte, trank abends nach getaner Arbeit einen Münsterländer Korn.

Verwertung des Getreides

Das Korn kam zum Trocknen auf den Söller. Einen Teil verkaufte Vater, ein anderer diente als Viehfutter. Weizen und besonders guter Roggen wurden als Brotgetreide verwendet. Haferstroh war beliebt bei den Pferden. Roggenstroh wurde teils an die Kühe verfüttert, teils diente es als Streu.

Wie ging es auf dem elterlichen Hof weiter?

Der Hof wurde von Generation zu Generation weitervererbt und an die moderne landwirtschaftliche Entwicklung angepasst. Zurzeit wird der Hof von meinem Neffen und Großneffen bewirtschaftet. Mein Großneffe lernte während des Agrarstudiums in Bonn und USA einen weiteren Wirtschaftszweig kennen. Er baut Miscanthus, einen nachwachsenden Rohstoff an.

Mit seinen zwei kleinen Kindern wächst auf dem Hof die 6. Generation heran. Die Frau meines Bruders, inzwischen 93 Jahre alt, lebt noch auf dem Hof. Sie ist die Uroma der Kinder, und ich bin deren Urgroßtante.

Die Zeit nach dem Abitur

Landwirtschaftliches Praktikum

Ab Mai 1952 arbeitete ich als Praktikantin in dem bäuerlichen Lehrbetrieb Schulze Herding in Lette bei Coesfeld. Ein praktisches Jahr war Vorbedingung für das Studium der Landwirtschaft. Alle anfallenden Arbeiten auf einem Bauernhof musste ich verrichten, in der Hauswirtschaft, im Garten, auf den Feldern und Wiesen. Zwar habe ich viel gelernt, aber die Arbeit war hart. Mit meiner Mitpraktikantin habe ich im Sommer 1952 hundert Fuder Getreide gepackt. Der Monatslohn betrug 30,00 DM. Freizeit gab es kaum.

Der alte Hof Herding ist heute ein bekanntes Kulturzentrum, nachdem der landwirtschaftliche Betrieb ausgesiedelt worden ist.

Abschied von meinem Vater

Ich konnte es nicht fassen. Mein Vater war unheilbar krank. Das erfuhr ich, als ich im Frühsommer 1952 zu Hause zu Besuch war. Mit meinem Fahrrad wieder zurück zu meiner Arbeitsstelle in Lette, konnte ich meine Tränen nicht zurückhalten, wenn ich an Vater dachte. Ich weinte und weinte. Dass Vater bald sterben würde, das konnte ich nicht begreifen. Zum ersten Mal musste ich lernen, damit zu leben, wenn ein geliebter Mensch unheilbar krank ist.

Meine Mutter und Paula übernahmen die Pflege von Vater. Seine Kräfte schwanden zusehends. Weil mich ein Nachbarsohn am Tage vor Vaters Tod nach Hause fuhr, konnte ich mich noch in aller Ruhe von Vater verabschieden. Er war bei vollem Bewusstsein, ruhig und gefasst, aber er hatte große Schmerzen. Ich blieb lange bei ihm im Krankenzimmer. Am nächsten Morgen, es war ein Sonntag, ein stiller, sonniger Augusttag, starb Vater. Es war der 31. August 1952. Mutter und Paula waren bei ihm. Vater wurde nur 66 Jahre. Ich war zum Hochamt in die Ramsdorfer Pfarrkirche gefahren. Dort blieb Vaters Platz leer, den er in gesunden Zeiten jeden Sonn- und Feiertag eingenommen hatte.

Die Tage bis zur Beerdigung blieb ich zu Hause. Ich half, alles Notwendige zu regeln. Das Zimmer, in dem Vater aufgebahrt war, schmückte ich mit den schönsten Blumen aus unserem Garten. Mein Vater ruhte in Frieden, befreit von jeglicher Plage und allem Schmerz. Die Beerdigung erfolgte vom Hof aus, so wie bei seinem Vater, der 90 Jahre alt wurde. Zwischen beiden Begräbnissen lagen nur 12 Jahre. Der nächste Nachbar fuhr mit Pferd und Wagen den Sarg zur Ramsdorfer Kirche. Eine große Trauergemeinde begleitete meinen Vater auf seinem letzten Weg. Für Mutter, meine Geschwister und für mich war es ein schwerer Abschied. Zeit meines Lebens behalte ich Vater in liebevoller Erinnerung, seine heitere gelassene Lebensart, sein fürsorgliches Wesen.

Im Jahre 1952 heirateten zwei Schwestern. Auf dem Hof arbeiteten noch vier Geschwister: Paula, Klara, Bernadette und Gerda. Ich hatte seit April mein Abitur und beendete zunächst das ländliche Praktikum in Lette. Dass wir Geschwister nach dem Tod von Vater alle zurechtkamen, dafür hat mein Bruder Hubert gesorgt.

Meine Geschwister haben alle geheiratet. Wir trafen uns regelmäßig an den jeweiligen Namenstagen, die, traditionsgemäß schön gefeiert wurden.

Jetzt gehören bis auf eine Feier alle der Vergangenheit an. Dankbar, aber auch mit leiser Wehmut, denke ich an die schönen Tage zurück.

Studentin an der Pädagogischen Akademie in Essen Kupferdreh

Landwirtschaft war doch nicht das Richtige für mich. Im Frühjahr 1953 machte ich an der Pädagogischen Akademie in Essen Kupferdreh die Aufnahmeprüfung für das Lehramt an Volksschulen. Die Studienzeit war damals kurz, nur vier Semester. Grund: In NRW fehlte Lehrpersonal.

Aus der Zeit an der Pädagogischen Akademie erinnere ich mich besonders gern an die Literaturvorlesungen von Prof. Dr. Josef Pieper aus Münster. Er hatte dort eine Gastprofessur. Am Mittwochnachmittag machte er uns mit modernen Werken der Literatur bekannt. Beim Vorlesen der Texte versprach er sich nie, was ich bewunderte. Jedes Wort war wichtig, so, wie in seinen zahlreichen Büchern.

Am Donnerstagmorgen hielt er ein Seminar über Thomas von Aquin.

In schöner Erinnerung blieb mir auch die Exkursion meines Biologiekurses ins Weserbergland, wo wir wildwachsende Orchideen suchten und fanden, u.a. das Knabenkraut.

Wir besichtigten auch die wunderschöne Klosteranlage Korvey, die mir aus meiner Schulzeit bekannt war durch „Dreizehnlinden“ von Fr. W. Weber.

An einem freien Nachmittag war ich in der Weser schwimmen. Wasser übt bis heute eine große Anziehungskraft auf mich aus.

Die Ruderpartien auf dem Baldeneysee bleiben mir auch in guter Erinnerung. Mein Stuhl und der eines Mitstudenten blieben dann in der Vorlesung über die Geschichte der Pädagogik leer. Die Vorlesung war so lahm.

Ein unvergessliches Erlebnis war meine Studienfahrt mit Prof. Reiermann, dem Direktor der Akademie, nach Südtirol, Dolomiten. Unsere Gruppe hatte bei einer Bäuerin in Wolkenstein Quartier bezogen. Dort ging es sehr ursprünglich zu. Wir wuschen uns an einem Quellbach. Die Küche durften wir mitbenutzen. Wir waren Selbstversorger. Abends gab es eine warme Mahlzeit. Weil ich in meinem Praktikum nach dem Abitur Kochen und Backen gelernt hatte, war ich Küchenchefin. Meistens gab es für die 15-köpfige Gruppe abends Eintopf. Er schmeckte allen gut. Das war nicht verwunderlich, hatten wir doch alle nach den schönen auch anstrengenden Bergtouren tagsüber, abends guten Appetit.

Die Bergwelt der Dolomiten übte eine unbeschreibliche Faszination auf uns aus. Mit einem Bergführer durften wir die Boé besteigen, einen Dreitausender.

Oben auf dem Plateau gab es glasklare kleine Bergseen. Der Abstieg war anstrengender als der Aufstieg. Jedoch, ein Blick in die faszinierende Natur entschädigte uns für unsere Mühen.

Den Abschluss unserer 14tägigen Reise bildete ein Kurztrip nach Venedig.

Alles in Allem: 14 unvergesslich schöne Ferientage.

Meine erste Stelle als Lehrerin

Im Frühjahr 1955 machte ich an der Pädagogischen Akademie in Essen Kupferdreh mein Examen als Volksschullehrerin.

Am 2. Mai 1955 trat ich meine erste Stelle als Junglehrerin an der Volksschule in Gemen, Kreis Borken, an. Die Schule ist nur 3 km von zu Hause entfernt, was mir sehr gelegen kam. Ich bekam die Oberklasse Mädchen. In ihr waren der 6., 7. und 8. Jahrgang zusammengefasst. Mein Rektor unterrichtete die Oberklasse Jungen. Über eine junge Lehrerin freuten sich meine Schülerinnen riesig, und ich freute mich darüber, dass sie so nett und lernfreudig waren. Ich war sehr gern ihre Lehrerin.

Es war damals nicht üblich, dass man ohne 2. Staatsexamen eine Oberklasse unterrichten durfte. Ich hatte aber bei der oberen Schulbehörde darum gebeten. Zu Hause kostete mich mein Unterhalt nichts und so konnte ich von meinem Gehalt das Geld für meine Aussteuer sparen.

Als Junglehrerin ohne Praxiserfahrung musste ich sehr viel Zeit für die Unterrichtsvorbereitungen aufwenden. Hinzu kam noch, dass viele Vorbereitungen schriftlich gemacht werden mussten.

Leider wurde meine Tätigkeit als Lehrerin jäh unterbrochen durch eine schwere Erkrankung an Poliomyelitis am 17. September 1956.

Mein Arzt in Gemen bescheinigte mir später, dass ich mir die Erkrankung an Poliomyelitis mit einer an Sicherheit grenzenden Wahrscheinlichkeit im Schuldienst zugezogen hätte. In ganz Gemen gab es viele Erkrankte, bei denen die Krankheitssymptome die gleichen waren wie bei mir. Exakte Untersuchungen wurden vom Gesundheitsamt nicht durchgeführt. So hatte ich keine Beweise, leider.

Von der schweren Ganzkörperlähmung behielt ich bis heute ein gelähmtes Bein zurück, trotz intensivsten Trainings. Meine behandelnden Ärzte in der Uniklinik in Münster sagten mir, ich wäre unter 1000 Erwachsenen eine Betroffene, bei der die Ansteckung mit den Polio-Viren solch schwere Lähmungen hervorgerufen hätten. Tragik. Ein paar Jahre später, um 1960, gab es flächendeckend die Polio-Schutzimpfung in allen Schulen Westdeutschlands.

Nach zehnmonatigem Aufenthalt in der Uniklinik Münster und einer vierwöchigen Kur in der Nordseeklinik in Westerland auf Sylt nahm ich mit Beginn des Schuljahres 1957/58 im September den Schuldienst in Gemen wieder auf, und zwar in der Unterstufe.

Für die Fahrt zur Schule bekam ich einen Fiat 500 mit einer Einbeinbedienung. Diese Vorrichtung war eigens erfunden worden, um den vielen Kriegsversehrten das Autofahren zu ermöglichen. Automatische Getriebe gab es damals noch nicht.

Eine unfreiwillige Auszeit

Ich musste sehr vorsichtig laufen, als ich nach meiner Erkrankung an Polio im September 1957 den Schuldienst wieder aufnahm. Ich trug eine Unterschenkelschiene an dem gelähmt gebliebenen linken Bein. Mit den Schuhen kam ich auch noch nicht gut zurecht.

Wie das Unglück es wollte, Ende Juni 1958 stürzte ich schwer. Ich brach mir das linke Schienbein. Die Folge: Das ganze linke Bein wurde eingegipst. Ich durfte es monatelang nicht belasten, nicht laufen. Meine Familie versorgte mich liebevoll zu Hause.

In dieser Zeit war es, als ich hohen geistlichen Besuch bekam. Der Weihbischof Baaken aus Münster befand sich auf Firmungsreise im Kreis Borken. Der Gemener Pastor, ein Studienfreund des Weihbischofs, hatte ihm vom erneuten Unglück der Junglehrerin der Gemener Volksschule erzählt. Der Bischof beschloss, mir einen Krankenbesuch abzustatten. Und das war mit großem Aufwand verbunden. Wie es damals auf dem Lande üblich war, begleitete eine Reitereskorte den Wagen des Bischofs, wenn er zum nächsten Ort weiterfuhr. Kurz und gut. Von Gemen kommend bog die ganze Schwadron nebst Bischofswagen von der B67 ab und kam bei uns auf dem Hof an. Meine Eltern begrüßten den Bischof und führten ihn in mein Zimmer. Wir hatten ein sehr erfreuliches Gespräch.

Meine Geschwister fuhren mit mir von Zeit zu Zeit zur orthopädischen Uniklinik in Münster (Hüfferstift), um mein Gipsbein röntgen zu lassen. Zweimal musste ich enttäuscht nach Hause zurück. Nach etwa fünf Monaten war der Bruch geheilt. Ich blieb sechs Wochen in der Uniklinik und trainierte hart, damit das Bein wieder beweglich wurde und ich einigermaßen mit einem Gehstock laufen konnte. Ich nahm den Schuldienst wieder auf.

Ich blieb an der Schule bis zum 31. Mai 1960, dann kündigte ich den Schuldienst.

Ein neuer Lebensabschnitt

Am 3. Juni 1960 heiratete ich in einem feierlichen Gottesdienst in der Christuskönigkirche in Gemen unter Beteiligung der Grundschulkinder und einiger Kollegen meinen Jugendfreund, den „Einen“, weshalb ich nicht ins Ursulinenkloster eintreten wollte. Ich berichtete davon. Die Hochzeitsfeier fand auf dem elterlichen Hof meines Mannes statt. Bei schönstem Sommerwetter vergnügten sich an die 100 Gäste auf dem schönen alten Hof, bis in die Nacht hinein.

Als letzte der 12 Töchter verließ ich nach der Heirat den geliebten elterlichen Hof, bis heute Sehnsuchtsort und Kraftquelle. Mein Mann hatte an der Technischen Hochschule in Karlsruhe das Studium eines Bauingenieurs mit dem Diplom abgeschlossen. Er bekam seine erste Stelle in Münster. Dort leben wir seit unserer Heirat 1960, zuerst in Hiltrup, und seit 1966 in dem Haus, das mein Mann erbaut hat, in Münster. In den ersten sechs Jahren unserer Ehe bekamen wir zwei Kinder, einen Sohn und eine Tochter. Ich empfand es als großes Glück und widmete mich ganz dem Wohle der Familie.

Abschied von meiner Mutter

Anfang 1963 kam meine Mutter ins Borkener Krankenhaus, weil es ihr gesundheitlich schlecht ging. Der sechswöchige Aufenthalt brachte keine Besserung. Meine Mutter war unheilbar krank. Auf ihren ausdrücklichen Wunsch hin holten wir Kinder sie wieder nach Haus. Sie war so froh, wieder daheim zu sein. Meine Schwestern und ich teilten uns die Pflege. In der Woche, als ich meine Mutter pflegte, unterhielten wir uns über vieles. Einmal sagte sie zu mir: „Ich habe eine große Liebe für alle, die ich kenne." In den nächsten Wochen verschlechterte sich ihr Zustand zusehends. Aber sie blieb gefasst und geduldig. In der Nacht vom 5. auf den 6. April wachten meine Schwestern Lisbeth und Agnes bei ihr. Kurz bevor sie die Augen auf immer schloss, hätte sie leise, aber vernehmlich, in der richtigen Reihenfolge, die Namen all ihrer 14 Kinder genannt. So erzählten mir meine Schwestern. Dann wäre sie leise eingeschlafen.

Hier die Namen der 14 Kinder:

Bernard, Lisbeth, Änni, Hubert, Maria, Franziska, Toni, Hedwig, Agnes, Paula, Klara, Hilde, Bernadette, Gerda.

Als ich am folgenden Tag mit meinem Mann und unserem zweijährigen Sohn von Münster aus zu Hause eintraf, um Mutter eine Woche zu pflegen, lebte Mutter nicht mehr.

Die Beerdigung fand vom Hof aus statt, wie bei Vater und Großvater. Ein langer Trauerzug bewegte sich langsam auf der B 67 auf Ramsdorf zu. Nach dem Trauergottesdienst wurde meine Mutter neben Vater in dem Familiengrab beigesetzt.

Sechs Wochen später, im Mai, besuchte ich mit meinem Mann und unserem kleinen Sohn zum ersten Mal wieder mein Elternhaus. Ich ging durch alle Räume. Mutter war nicht da. Mein Elternhaus war seit dem Tod meiner Eltern ein anderes geworden. Aber ich hatte ja selbst eine Familie. Ich nahm mir vor, das wertvolle geistige Erbe meiner geliebten Eltern anzutreten. Sie waren mein großes Vorbild.

1964 wieder im Hüfferstift

Als wir noch in Hiltrup wohnten, fast acht Jahre nach der Erkrankung an Polio, kam ich erneut zur Behandlung in die orthopädische Universitätsklinik in Münster. Sie war damals im Hüfferstift untergebracht. Der linke Fuß des gelähmt gebliebenen Beines wurde versteift. Professor Hepp, der Leiter der Klinik, operierte. Die Unterschenkelschiene, die öfter brach, entfiel. Der Gedanke, nach der OP nicht wieder aufzuwachen, bereitete mir übergroße Angst. Was wäre, wenn ....

Unser Sohn war drei Jahre und unsere kleine Tochter sieben Monate alt.

Zu meiner großen Erleichterung verlief die OP ohne Komplikationen.

Unsere Kinder waren gut untergebracht während meines sechswöchigen Klinikaufenthaltes. Unser Sohn verbrachte die Zeit auf dem elterlichen Hof meines Mannes, wo er an jedem Wochenende sehnsüchtig auf den Besuch seines Vaters, der in Münster arbeiten musste, wartete. Unsere kleine Tochter wurde in der Familie einer Schwester meines Mannes rührend nett betreut.

Nach sechs Wochen waren meine Kinder wieder bei mir. Aber wie ging es weiter? Mit meinem Gipsbein, auf dem ich zuerst noch nicht einmal stehen geschweige denn laufen durfte, konnte ich den Haushalt mit den beiden Kindern nicht schaffen Meine zehn Jahre ältere Schwester Franziska wusste Rat.

Zu Gast bei meiner Schwester auf ihrem Hof

Nach dem Klinikaufenthalt durfte ich mit unseren beiden Kindern bei der Familie meiner Schwester Franziska wohnen. Sie bewirtschaftete mit ihrem Mann einen schönen Bauernhof. Obwohl sie selbst sechs Kinder hatte, waren wir willkommen. Der einzige Kommentar meines Schwagers war, er möchte beim gemeinsamen Mittagessen Ruhe haben. Das hieß für mich, meiner kleinen Tochter musste ich vor 12 Uhr mittags das Essen geben.

Auf dem Hof arbeiteten noch eine junge Gehilfin und ein Gehilfe. Mein „Ferienaufenthalt“ dauerte gut drei Monate. Es war Sommer, und ich genoss meine freie Zeit. Um den Haushalt musste ich mich nicht kümmern. Der Tisch war immer reichlich gedeckt. Ich konnte viel lesen und handarbeiten. Den langen warmen Schal, den ich für meinen Mann aus Schafschurwolle strickte, hat er heute noch, mehr als 50 Jahre später. Er trägt ihn immer, wenn es kalt ist.

Unser Sohn war den ganzen Tag sehr beschäftigt auf dem Hof. Er verstand sich bestens mit dem fast gleichaltrigen jüngsten Sohn meiner Schwester. Die Situation war ideal.

An schönen Sommertagen tranken meine Schwester und ich im Blumengarten Kaffee. Unsere kleine Tochter stand neben uns im Kinderwagen oder krabbelte auf einer Decke herum, die auf dem Rasen lag. Mit meinem Laufen wurde es auch stetig besser. Ich unternahm schon wieder kleine Spaziergänge. Außerhalb des Hofes, wo der Blick frei über die Wiesen und Felder schweifen konnte, sah ich in der Ferne mein Elternhaus unter hohen Bäumen. Ich war in der Heimat. Ich war glücklich. Und das verdankte ich meiner Schwester. Wir Geschwister haben uns immer gegenseitig geholfen, wenn es notwendig war.

Besonders freuten wir uns, mein kleiner Sohn und ich, wenn am Freitagabend mein Mann von Münster zu uns kam. Oft bekam er dann frische Kartoffelplätzchen von meiner Schwester serviert, was er sehr zu schätzen wusste. Die Zeit als Selbstversorger in Münster überstand er gut. Diese Situation kannte er gut von seiner Studentenzeit in Karlsruhe. Und es gab noch eine Annehmlichkeit. Meine 12-jährige Nichte versorgte gerne unsere kleine Tochter, wenn der Schulunterricht beendet war.

Nach drei Monaten kehrte ich mit den Kindern nach Hause zurück, nach Münster. Der Gips wurde entfernt. Aber dann gab es neue Schwierigkeiten. Das Knie war steif, neues Schuhwerk musste vom orthopädischen Schuster umgearbeitet werden. Ich musste mich an die veränderten Bedingungen gewöhnen. Viel Training und Schwimmen waren angesagt. Aber mit Hilfe meines Mannes bestand ich auch diese schwierige Zeit.

Wieder im Schuldienst

Sieben Jahre nach unserer Heirat ging ich mit Beginn des Schuljahres 1967/68 wieder in den Schuldienst.

Im ersten Jahr arbeitete ich an der Fürstenbergschule. Im April 1968 wurde unser jüngster Sohn geboren. Während des Mutterschutzurlaubes, damals vor und nach der Geburt des Kindes sechs Wochen, schrieb ich meine Arbeit für die 2. Staatsprüfung. Die mündliche Prüfung legte ich kurz vor Weihnachten 1968 an der Overbergschule, einer Grundschule, ab. Die 2. Staatsprüfung habe ich 13 Jahre nach der ersten gemacht, weil ich sie wegen der schweren Erkrankung an Polio in den ersten fünf Dienstjahren nicht schaffen konnte. Ich arbeitete 23 Jahre gern und mit großem Interesse an der Overbergschule.

1991 Abschied von der Overbergschule

Von einer schönen klugen Münsterländerin

Während der beschriebenen Zeit in der Overbergschule hatten wir noch ein besonderes Erlebnis mit unserer geliebten Hündin Stampa.
Diese Geschichte darf nicht fehlen.

Mein Mann und die Kinder wollten immer gerne einen Hund. Mein Mann war Hundekenner. Auf seinem elterlichen Hof gab es immer schöne Hunde.

Auch wir hatten inzwischen mit dem großen Garten am Haus gute Bedingungen, um einen Hund zu halten. Aber ich selbst hatte ja nicht die besten Erfahrungen mit Hunden gemacht. Hinzu kam, ich hatte viel Arbeit. Und ein Hund gebraucht viel Pflege und Zuwendung.

Wie auch immer. Es passierte Folgendes: An einem frühen Sonntagnachmittag fuhr mein Mann mit den drei Kindern in die Baumberge. Es war Ende Januar. Ich musste Halbjahreszeugnisse schreiben. Dafür gebrauchte ich unbedingte Ruhe, deshalb hatte mein Mann die Kinder mitgenommen. Die Zeugnisnoten standen schon fest, ich musste sie nur noch in die Zeugnishefte eintragen. Das schaffte ich an einem Nachmittag.

Gegen Abend, als ich mich in der Küche aufhielt, dachte ich, meine Familie könnte doch wohl langsam wieder auftauchen. Es dauerte nicht lange, da wurde vorsichtig die Küchentür von außen geöffnet. Behutsam schob man ein hübsches, braunes Hündchen durch die Tür.

Auf die Hündin folgten unser jüngster Sohn, dann die Tochter, der älteste Sohn und zuletzt mein Mann. Alle strahlten übers ganze Gesicht.

Ich war vorerst sprachlos. Die Kinder begannen sofort, mich zu beruhigen. Sie würden alle für den kleinen Hund sorgen. Ich hätte keine Arbeit damit. Sie taten es auch.

Nun musste unsere kleine Münsterländerin Stampa, die von einem Züchter in Billerbeck stammte und sogar einen Stammbaum besaß, erst mal an ihr neues Zuhause gewöhnt werden. In der ersten Zeit schlief mein Mann auf dem Sofa im Wohnzimmer. Klein Stampa lag neben ihm auf dem Boden und schlief.

Es dauerte nicht lange, da hatte sich unsere Hündin an uns gewöhnt. Alle, auch unsere jeweilige Hausgehilfin, liebten sie. Selbst ich war restlos begeistert von dieser klugen schönen Hündin. Den Abend verbrachte sie bei meinem Mann im Wohnzimmer, wenn er die Zeitung las. Sie lag ruhig auf dem Boden neben seinem Stuhl.

Unsere Kinder und die Nachbarskinder beschäftigten sich nachmittags mit Stampa. Sie brachten ihr allerhand Kunststückchen bei und rannten mit ihr um die Wette.

Nun passierte Folgendes: Ein älteres Mädchen von Bekannten ging gern mit Stampa an der Werse spazieren. Mein Mann hatte ihr eingeschärft, sie dürfte Stampa nicht von der Leine lassen, es wäre ein Jagdhund. Sie tat es aber.

Es war Ende Januar. Die Jagd auf weibliches Rehwild war noch bis zum 31. Tag erlaubt. Der Jäger, dem das Revier in den Wäldern an der Werse gehörte, entdeckte Stampa, wie sie die Fährte auf eine Ricke aufnahm. Ohne einen Warnschuss abzugeben erschoss er gezielt unsere geliebte schöne Hündin.

Wir alle waren entsetzt. Unsere Kinder liefen laut weinend zu den Nachbarn, die meinten, bei uns wäre einem Erwachsenen etwas Schlimmes zugestoßen. Die ganze Familie war tieftraurig.

Am nächsten Morgen in der Schule konnte ich das Morgengebet fast nicht sprechen. Ich musste immer weinen. Die Kinder, im dritten Schuljahr, waren erschrocken und bestürzt. So hatten sie mich nie erlebt. Plötzlich stand ein Schüler auf. Er hob beruhigend seine Hände und sagte zu mir: „Bei uns, Frau Bramkamp, können sie ruhig weinen." So viel rührendes, einfühlsames Verständnis von einem Jungen der dritten Klasse hatte ich nicht erwartet. Langsam beruhigte ich mich.
Übrigens, die Klasse kannte unsere Stampa. Ich hatte viel von ihr erzählt, und die Kinder hatten sie bei uns zu Hause während eines Klassenausfluges kennengelernt.

Unsere Tochter verarbeitete ihren Schmerz über den Verlust ihrer geliebten Hündin in einer Grafik. Sie zeichnete mit schwarzer Tusche ein Bild. Es bestand aus immer größeren Kreisen, auf denen in schmuckvollen Schriftzügen unzählige Male der Name ihrer geliebten Hündin stand: STAMPA. Das Bild hängt heute noch in unserer Diele.

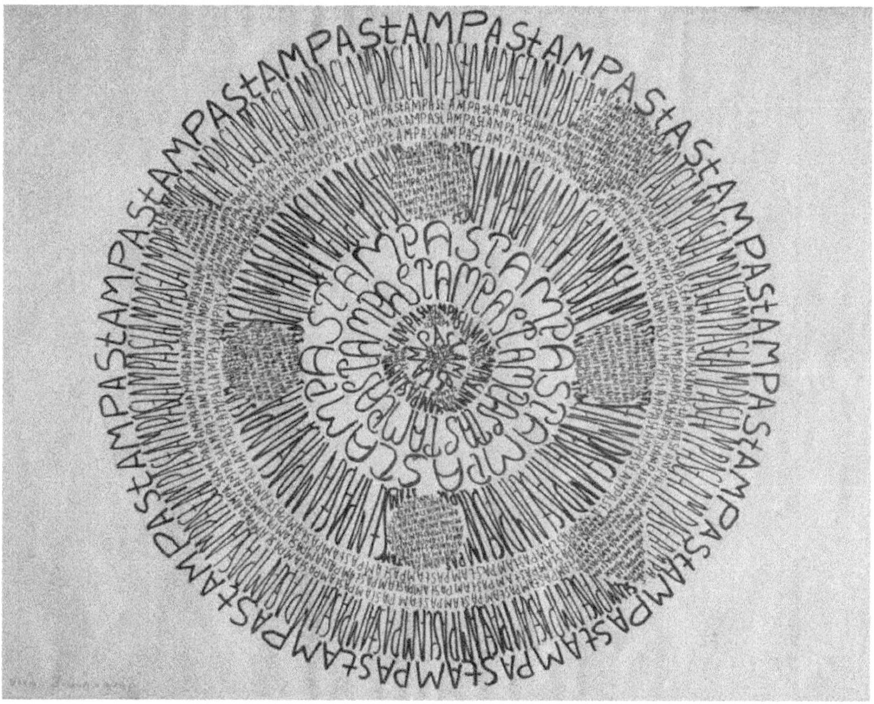

Wie es bei mir zu Hause weiterging

Mit Wiedereintritt in den Schuldienst engagierte ich sofort eine junge Haushaltshilfe. Oft waren es Praktikantinnen, die aus Berufsgründen ein praktisches Jahr in einem kinderreichen Haushalt machen mussten. Ich habe (nacheinander) 14 junge Mädchen beschäftigt. Sie waren voll in unsere Familie integriert und schliefen auch bei uns. Übrigens, mit drei Kindern galt man damals als kinderreich.

Im Laufe der Jahre ist Münster für uns und unsere Familie Heimat geworden. Mein Mann und ich schauen dankbar und mit großer Freude auf erfüllte glückliche Jahre zurück. Unsere drei Kinder und ihre Ehepartner stehen uns jederzeit hilfreich zur Seite. Unsere fünf Enkelkinder erhellen auf so wunderbare Weise unser Leben im Alter.

Münster, im April 2017

Ganz besonderer Dank gilt meiner früheren Schülerin Doris Steltenkamp und ihrem Mann Karlheinz für die Digitalisierung meines handschriftlich verfassten Buchtextes, das genaue Lektorat und die engagierte Unterstützung bei der Veröffentlichung meines Buches.

Anhang

Plattdeutsch:

„Pingsterbruud, denn Sommergeck,
geht alle Daage denn wieden Wegg.
Een Äei dat batt em nich,
twee Äeier dat schadt em nich,
fieventwintig upp denn Diss,
dann weet dee Bruud, wann Pingsten is."

„Mooder, Mooder, load us nich so lange stoan,
wii mütt noch een Hüsken wider goan."

Hochdeutsch:

Pfingstbraut, der Sommergeck,
geht alle Tage den weiten Weg.
Ein Ei, das reicht ihr nicht,
zwei Eier, das schadet ihr nicht,
fünfundzwanzig auf den Tisch,
dann weiß die Braut, wann Pfingsten ist.

Mutter, Mutter, lass uns nicht so lange steh'n,
wir müssen noch ein Häuschen weiter geh'n.

Alle Fotos: privat

Literaturangabe:

Lutz Heusinger:
„Michelangelo. Alle Werke.-Spezialausgabe für die Päpstlichen Museen und Galerien"
Scala, Instituto Fotografico Editoriale, Firenze 1978

Die Autorin:

Auf einem Bauernhof im Westmünsterland wurde ich 1932 als 12. Kind geboren. Wir waren 2 Jungen und 12 Mädchen. Ich erlebte eine glückliche Kindheit und Jugend. Der elterliche Hof entwickelte sich von einem bescheidenen gräflichen Pachthof zu einem heute prosperierenden Eigenbetrieb auf der Basis biologischer Landwirtschaft.
Nach der 4. Klasse in der Ramsdorfer Volksschule durfte ich die Oberschule in Borken besuchen. Kriegsbedingt wurde der Unterricht für ein Jahr unterbrochen.
1948 mussten die Mädchen die Oberschule in Borken verlassen. Ich fuhr 4 Jahre zur Schule der Ursulinen nach Dorsten und machte dort 1952 mein Abitur.
Nach einem Berufsfindungsjahr in einem landwirtschaftlichen Lehrbetrieb entschied ich mich für das Studium der Pädagogik in Essen Kupferdreh.
Im Mai 1955 trat ich meine erste Stelle als Junglehrerin an der Volksschule in Gemen an. Dort traf mich ein harter Schicksalsschlag mit der Erkrankung an Poliomyelitis, deren Folgen mein ganzes späteres Leben beeinflussten. Die positive Einstellung zum Leben bewahrte ich mir jedoch.
1960 heiratete ich und zog mit meinem Mann nach Münster.
Dort war ich 25 Jahre Lehrerin.
Wir bekamen drei Kinder. Mehr als 50 Jahre lebe ich mit meinem Mann in Münster.